ÉTUDE

SUR LES

NOUVEAUX IMPOTS PROJETÉS

ET SUR LA

LIGNE FERRÉE QUI DOIT DESSERVIR TLEMCEN

Parallèle entre les trois projets :

TLEMCEN — BENI-SAF

TLEMCEN-ORAN, PAR AIN-TEMOUCHENT

TLEMCEN — ORAN, PAR SIDI-BEL-ABBÈS

ORAN

IMPRIMERIE TYPOGRAPHIQUE ET LITOGRAPHIQUE CH. POTHIER

20, Rue d'Orléans, 20

1878

AVANT-PROPOS

Au moment où les questions d'impôts et de chemins de fer algériens vont être portées à la Tribune française, nous croyons remplir un devoir en groupant quelques articles épars que nous avons publiés sur ces sujets si importants pour nous, colons algériens, et pour la métropole elle-même à laquelle la prospérité de sa grande Colonie importe à tant de titres.

Nous ne nous exagérons pas assurément l'importance de nos modestes études, mais, telles quelles, elles peuvent fournir quelques renseignements utiles sur des questions trop peu connues en France, et trop superficiellement étudiées, peut-être, dans notre Colonie elle-même.

Nous ne sommes pas un publiciste, nous sommes un modeste colon, n'ayant d'autre prétention que celle d'être parfaitement sincère, profondément convaincu et d'aimer de toute notre âme notre pays d'adoption, qui n'est pour nous qu'une annexe de la mère-patrie, annexe dans laquelle nous sommes venu prendre racine, il y a 20 ans, et que nous n'avons jamais quittée depuis, où nous avons élevé une nombreuse famille et transporté tous nos intérêts.

Les intérêts de l'Algérie sont donc les nôtres, ceux de nos enfants, ceux de notre chère patrie; — quoi de plus naturel que nous les ayons profondément à cœur et que nous essayons de les défendre quand nous les voyons menacés.

Oran, 15 octobre 1878.

LESCURE.

IMPOTS NOUVEAUX

ET

CHEMINS DE FER PROJETÉS

A propos du vote du Conseil supérieur (4 décembre 1877) relatif à l'établissement de nouveaux impôts, particulièrement de l'impôt foncier, et du réseau des chemins de fer algériens projetés, nous avons adressé, le 6 janvier 1878, la lettre suivante au Directeur du journal *le Courrier d'Oran* :

MON CHER DIRECTEUR,

J'ai une trop haute opinion de votre caractère et je tiens votre libéralisme en trop haute estime, pour ne pas être convaincu que vous accueillerez les quelques considérations qui vont suivre, quoiqu'elles soient en parfaite opposition avec votre manière d'envisager l'impôt foncier en Algérie.

Les mêmes sentiments, l'amour de notre pays d'adoption nous animent ; nous professons l'un et l'autre que la lumière jaillit de la discussion, vous ouvrirez donc toutes grandes les colonnes du *Courrier* à mes réfutations.

Quand on cherche sincèrement la vérité on doit, avant tout, faire abstraction de tout intérêt de personnes et de clochers, éloigner de la discussion tout ce qui aigrit et irrite, se dépouiller de tout amour-propre et de tout parti pris, n'avoir qu'un but, l'intérêt du plus grand nombre.

Ceci dit, j'entre immédiatement en matière.

Vous traitez de bâtons flottants les nouvelles charges dont la Colonie est menacée, lorsque au contraire je les considère, moi, comme très-lourdes, comme dangereuses, comme fatales pour son développement.

Là où vous voyez une mesure fiscale sans importance, je vois, une mesure inopportune, impolitique, anti-économique, une sorte de gouffre ouvert qui absorberait dans leur germe les principaux éléments de notre future prospérité ; qui découragerait, paralyserait nos efforts ; qui éloignerait de nous l'immigration ; qui tarirait notre sève dans sa source, l'épargne, employée aujourd'hui, si minime soit-elle, à des progrès nouveaux, à créer une source de richesses nouvelles, car quel est le colon qui ne s'empresse de dépenser en améliorations sur son champ, en mises en culture de ses friches, en agrandissements nécessaires, indispensables à son installation, en perfectionnement de son outillage le peu qu'il parvient à économiser.

On dirait vraiment que vous oubliez que le capital agricole se constitue petit à petit, et que vous ne tenez aucun compte de ce fait incontestable pourtant, que tous les progrès s'enchaînent ; — ne perdez donc pas de vue que le progrès d'aujourd'hui entraîne celui de demain, et qu'il faut éviter de compromettre celui-ci en aliénant celui-là.

On nous demande des impôts annuels et nouveaux s'élevant, à leur début, à 2,034,000 francs et vous appelez cette somme une bagatelle, une niaiserie, des bâtons flottants. — Mais, en admettant ce chiffre comme exact, et il ne serait point difficile de prouver qu'il est au-dessous de la vérité, en l'admettant comme exact, vous êtes-vous rendu compte du nombre de têtes de bétail dont il augmenterait nos cheptels, du nombre d'arbres dont il peuplerait nos vergers, du nombre de pieds de vigne qu'il nous permettrait de planter, des instruments agricoles qu'il nous mettrait en même d'acquérir et qui doubleraient et souvent décupleraient nos forces et augmenteraient d'autant le chiffre de nos économies ou, pour mieux dire, de nos moyens d'action ?

Vous êtes-vous rendu compte de la boule de neige que cette somme annuelle de 2,043,000 francs, absorbée par le fisc, et que vous traitez avec tant de dédain, donnerait dans une période de 10 années seulement ? — le calcul est bien facile et donne pour résultat, en prenant pour base l'intérêt adopté en Algérie, 10 °/₀, il donne pour résultat 35,794,375 francs ; — une bagatelle, comme vous voyez !

Mais vous admettrez bien avec nous, parce que vous êtes animé de l'esprit de justice, vous admettrez bien avec nous que ce n'est pas un accroissement de 10 °/. que produisent les fonds employés à l'élevage et à la multiplication du bétail, aux défrichements, aux plantations de vigne, aux améliorations et au développement de l'agriculture, à créer des fermes là où il n'y a que la lande et la broussaille, ce n'est pas de 10 °/. que vous augmentez la fortune publique, vous la doublez, la triplez et bien au delà, et pour arriver à une appréciation à peu près exacte, on ne sait vraiment à quel coefficient s'arrêter ! — Or, en admettant que vous doubliez seulement la production, ce n'est pas sur le chiffre de 10 °/° que nous aurions dû baser nos calculs mais bien sur celui de 100 °/° et ce n'est pas 35,794,875 francs que vous enlevez en dix ans à l'Algérie avec vos impôts, mais bien 357,948,750 francs.

De jolis bâtons flottants comme vous voyez, et un petit chiffre qui, de rien, vu de trop près, devient quelque chose, vu à sa vraie distance.

Et on ne taxera pas nos calculs d'exagération. car il n'y a pas un colon qui ne sache, en ce qui regarde le bétail par exemple, que la filiation d'une vache, en 10 ans, s'élève à 32 têtes, en moyenne, et celle d'une brebis à plus de mille têtes ; — Il n'y a pas un colon qui ne sache qu'un hectare de vigne qui aura coûté 400 francs à planter et 150 francs par an d'entretien, n'ait produit, au bout de 10 ans, plus de dix mille francs. — Si vous doutiez, je vous renverrais à votre journal lui-même dans les citations qu'il a faites de l'ouvrage de M. Dejernon.

Et c'est cet essor que vous arrêteriez, ces progrès certains que vous empêcheriez, que vous annihileriez, et ce sont de pareils résultats que vous appelez des bâtons flottants !

N'eussiez-vous pas mieux fait d'invoquer, au lieu de la fable du Chameau, celle du Chien qui lâche la proie pour l'ombre ; — n'est-ce pas un peu le cas des délégués au Conseil supérieur et du Conseil supérieur tout entier ?

Certes, nous n'avons nul désir d'incriminer qui que ce soit, nous voulons croire aux bonnes intentions de tous ; mais quand nous examinons cette question toujours si grave de l'impôt et la façon un peu leste avec laquelle elle a été traitée dans notre Assemblée coloniale (1),

---

(1) Ces questions si importantes soulevées au dernier moment, ont été traitées et résolues en une seule séance, la dernière de la session.

nous ne pouvons nous empêcher de constater qu'à leur insu, sans doute, les représentants de nos intérêts se sont engagés dans une voie funeste.

Créer un impôt nouveau est toujours, nous venons de le dire, une chose fort grave et il faut que les besoins auxquels il est destiné à faire face soient bien légitimes, bien justifiés, bien indispensables pour que l'hésitation ne soit pas permise.

Était-ce bien le cas ici ?

Dépouillons la question de toutes périphrases, de toute fantasmagorie, réduisons-là à son expression simple, vraie.

De quoi s'agit-il ? Comment la question a-t-elle été posée et comment doit-elle l'être ; — à quels besoins a-t-on pour but de satisfaire ; — comment y satisfait-on ; quel est le résultat cherché et quel serait le résultat obtenu ?

Nous allons essayer de répondre à toutes ces interrogations dans le moins de mots possible.

Il s'agit de compléter le réseau de nos chemins de fer qui doit comprendre 2,400 kilomètres environ. — 1,384 kilomètres sont déjà construits ou concédés, ce sont :

D'Alger à Oran	421	
De Philippeville à Constantine	87	
De Bône à Guelma	88	exploités
Du Tlélat à Bel-Abbès	51	
De Bône à Aïn-Mokra (chemin de fer industriel)	32	
Au total, en exploitation	679	kilomètres, ci. . 679

Concédés et en voie de construction, pour la plupart :

De la Tunisie à Constantine	261	
De Constantine à Sétif	155	concédés et sur plusieurs points en voie de construction
D'Arzew à Saïda	212	
D'Oran à Aïn-Témouchent	77	
	705	. . . . . ci. . . 705

TOTAL . . . 1.384

dont il n'y a plus à s'occuper.

Il reste à faire exécuter 1,000 kilomètres environ ; de ces 1,000 kilomètres, 400 sont classés d'intérêt général, 600 d'intérêt départemental.

Au lieu de laisser l'État construire les 400 kilomètres qui lui incombent, ce à quoi il paraît tout disposé (nous en avons la preuve dans l'empressement que l'Assemblée a mis à voter la garantie demandée naguère pour la Cie de l'Est) et de laisser chacun de nos trois départements construire à son tour le complément de son réseau nécessaire, on a fait intervenir une combinaison au moyen de laquelle tout serait amalgamé et qui consisterait à ce que l'État prenne *tout* à sa charge *moyennant une demi-garantie d'intérêts fournis par l'Algérie elle-même,* sur une somme de 68,000,000 francs, estimée nécessaire pour construire *tout d'abord* les 400 kilomètres incombant à l'État, et dont on évalue les frais à 170,000 francs par kilomètre.

Ce chiffre d'évaluation est certainement de beaucoup trop élevé, et serait loin d'être atteint à moins qu'on ne vit se renouveler le gaspillage éhonté qui a présidé à la construction des premiers 500 kilomètres qui ont été payés plus de deux fois leur revient réel.

Donc, si la combinaison était adoptée, le grand central, parallèle à la côte, et faisant communiquer la Tunisie et le Maroc, pourrait être construit dans 5 ans, nous dit-on.

Quant aux chemins perpendiculaires au grand central, et qui doivent mettre l'intérieur du pays en communication avec nos ports, on espère pouvoir les construire dans la bagatelle de *30 années,* (rien que cela, trente années !) et à fur et mesure que le grand central faisant ses frais, on pourrait appliquer la garantie d'intérêts disponibles à garantir le capital nécessaire à une ligne perpendiculaire quelconque. — On en compte *cinq,* mais rien ne dit à laquelle des cinq appartiendrait la priorité. — Du reste, ceci importe peu car de bien longtemps le grand central, qui ne desservira presque aucun intérêt agricole, industriel et commercial, n'arrivera à faire ses frais, et les chemins reliant l'intérieur à nos ports attendront sous l'orme.

En veut-on une preuve ? — Pendant que le chemin de fer de Philippeville à Constantine produisait 32,570 francs par kilomètre, que celui du Tlélat à Bel-Abbès produit 17,464 francs, celui d'Alger à Oran produisait 8,649 francs. — Voilà des faits et des chiffres qui bravent la contradiction.

Il n'y a, du reste, qu'à jeter un simple coup d'œil sur la carte pour voir que le grand central n'aura jamais, ne peut jamais avoir un trafic important..... Donc, grâce à la combinaison approuvée par le Conseil supérieur, le chemin le moins utile, parce qu'il sera le moins productif, le grand central, se terminera dans 5 ans (résultat qui serait atteint sans recourir à la dite combinaison) et les chemins les plus utiles parce qu'ils seraient les plus productifs ne se feront pas ou ne se feront que dans un temps très-éloigné.

Et c'est à cette combinaison impossible à ces résultats désastreux qu'ont adhéré tous les délégués, à l'exception *d'un seul,* que nous n'avons pas l'honneur de compter parmi ceux de notre province.

A-t-on jamais vu conception plus malheureuse ! et pour faire face à cette conception que nous ne voulons pas qualifier aussi sévèrement qu'elle mériterait de l'être, on s'adresse à quelle combinaison financière ? — à l'impôt le plus fatal dont on puisse frapper une colonie naissante ! Et cet impôt on le fait porter sur qui ? — Non point sur les indigènes dont le but à atteindre augmenterait la valeur des terres, mais sur les immigrants et plus particulièrement sur les français, sur l'élément appelé à apporter sur ces immenses espaces de terres excellentes mais incultes, abandonnées, improductives, à y apporter l'agriculture, l'industrie, le progrès, l'activité, la fécondation, la civilisation, la vie.

Voilà l'œuvre, toute l'œuvre sortie des délibérations du Conseil supérieur ou plutôt de l'absence de délibération *et d'une surprise,* on l'a dit et ce doit être en effet, car il ne nous paraît pas possible que la question eut été ainsi résolue si elle avait été suffisamment étudiée, mûrie.

Pour faire ressortir comme il conviendrait toutes les inconséquences, toutes les erreurs, tous les dangers de cette combinaison fatale, il faudrait plus de développement que n'en comporte la réponse que je tiens à vous faire, mon cher Marial, et que vous trouvez, sans doute, déjà longue, je vous demande pourtant la permission d'ajouter encore quelques mots.

Pour ne point abuser, je vais écourter, comme une analyse, ce que, pour être bien compris, il faut absolument que je dise encore.

La combinaison mise en avant était inutile, dangereuse et fatale.

Inutile parce qu'il suffisait de laisser à chacun son œuvre, à l'Etat la sienne, aux départements la leur ; — dangereuse et fatale parce que si elle passait de la théorie à la pratique, elle paralyserait, enrayerait le développement de nos voies ferrées que nous ne verrions jamais se compléter avec elle ou qui ne se compléteraient, en tout cas, que dans un temps fort éloigné, tandis que sans elle les chemins d'intérêt général et ceux d'intérêt départemental s'exécuteront simultanément et promptement ; — dangereuse et fatale surtout parce qu'elle demande les voies et moyens d'exécution à l'impôt le plus illogique, le plus funeste, le plus anti-colonisateur qui fut jamais.

Nous le répétons, que l'Etat fasse son réseau puisqu'il veut et doit le faire, qu'il nous aide à faire le nôtre et, lorsque les départements s'engageront pour une part, ce ne sera plus pour un but lointain et presque indéterminé, mais pour un objet défini et immédiat.

Pendant que l'Etat construira son grand central, son chemin stratégique, nous construirons, nous, simultanément, avec son appui, nos chemins perpendiculaires à la côte, qui seront les vrais artères commerciales, qui seront productifs, ceux-là, et n'imposeront que des charges peu importantes et tout à fait passagères, nous en avons la preuve par les lignes de Philippeville à Constantine et d'Oran à Bel-Abbès ; — des lignes dont quelques-unes trouveront concessionnaires sans garantie d'intérêts ; nous en avons la preuve par celles d'Oran à Aïn-Temouchent et de Mostaganem à Tiaret.

Voilà la voie pratique, prompte, économique, sûre.

Ne venez donc plus nous parler, pour une combinaison détestable, d'impôts plus détestables encore.

Et dire que c'est lorsque nous sommes déjà écrasés sous le poids de ceux existants que vous venez proposer une pareille aggravation de nos charges, et que vous la faites peser uniquement sur l'élément européen et presque sur le seul élément français !

Mais vous oubliez donc que nous supportons déjà, nous, Européens, une contribution annuelle de 76 francs 07 centimes par tête, chiffre énorme qui n'est atteint par nuls autres contribuables de l'Europe, à l'exception des Anglais et de nos compatriotes de France qui paient 86 francs 25 centimes ; — mais si vous nous imposiez encore de 2,043,000 francs annuels, en tenant le compte qui convient de la part beaucoup plus grande payée par l'élément français, on arriverait à un chiffre tel que nous serions, nous, Français algériens, le peuple du monde entier supportant la plus lourde charge ! Est-ce là le résultat que vous voulez atteindre ?

Vous en arrivez, sans vous en douter, à cette conséquence monstrueuse que, foulant aux pieds la règle fondamentale en matière d'impôts, qui est de frapper chacun suivant ses moyens, vous traitez le colon algérien qui lutte corps à corps, pied à pied avec toutes les difficultés de la prise de possession d'un pays nouveau, comme vous traiteriez des propriétaires européens installés dans un héritage où ont travaillé *vingt* générations.

Les conditions sont-elles donc les mêmes pour les imposables de la Colonie et pour ceux de la Métropole ? Ceux-ci ont tout sous la main : installation, champs défrichés, prairies faites, vignes et bois plantés, viabilité, débouchés, crédit à 4 ou 5 0/0, des terres d'une valeur si élevée qu'elles atteignent 6 à 8,000 francs l'hectare, une main-d'œuvre intelligente, nombreuse, relativement bon marché ; — et ceux-là ? une installation à peine ébauchée, des champs couverts de palmiers et de broussailles, des communications difficiles, un crédit rare et toujours insuffisant, et qu'il faut payer de 10 à 36 0/0, des terres dont pour toute valeur on ne trouverait pas 50 francs l'hectare, s'il fallait les vendre, une main-d'œuvre rare, mal habile, très-chère, et vous voudriez traiter ceux-ci comme ceux-là ?

Mais vous ne paraissez seulement pas vous douter qu'avec votre impôt foncier vous portez le coup le plus dangereux au peuplement, à l'immigration !

Deux choses, surtout, peuvent appeler les immigrants dans un pays : la certitude d'y jouir d'une pleine liberté, et celle d'y être exempts de charges.

Or, vous détruisez du coup une de ces forces attractives en établissant l'impôt foncier : le colon, le paysan, est fort ignorant en général de notre système fiscal, il se doute à peine de la lourde charge des impôts indirects qui, du reste, il faut bien le reconnaître, l'atteignent beaucoup moins que le citadin : — l'impôt qui le frappe directement, qui, à ses yeux, est la charge lourde par excellence, parce qu'il la perçoit bien, c'est l'impôt foncier.

Il est donc d'une bonne politique colonisatrice de ne pas éloigner l'immigrant par cet épouvantail, fût-il plutôt factice que réel.

En grevant la propriété foncière vous allez diminuer d'autant sa valeur, et lorsque la terre passe à peine dans le domaine des transactions vous allez l'immobiliser de nouveau.

Voilà-t-il assez de raisons pour que nous repoussions vos impôts !

Quant aux délégués du Conseil général d'Oran, on se demande vraiment ce qu'ils sont allés faire dans cette bagarre, et pour quelle ombre ils ont lâché la plus belle proie, c'est-à-dire la plus belle situation qui fût jamais, et comment ils ont pu donner leur assentiment à une mesure si préjudiciable aux intérêts qu'ils étaient chargés de représenter et de défendre.

Deux mots seulement sur la situation de notre province.

Nous avons le grand central qui traverse notre département de son extrême frontière Est (le Merdjha) jusqu'à Oran ; — nous avons le chemin de fer de Bel-Abbès qui ne nous impose aucune charge et dont la garantie d'intérêts, restée disponible, peut être reportée, au besoin, sur une autre ligne, sans affecter l'économie de notre budget départemental ; — nous avons la Société franco-algérienne qui est à l'œuvre pour le chemin d'Arzew à Saïda ; — nous avons la Compagnie Boyer prête à exécuter, sans garantie, le chemin de Mostaganem à Tiaret ; — nous avons la Compagnie Sauton déjà concessionnaire du tronçon d'Oran à Aïn-Temouchent ; — nous avons l'Etat qui est prêt à exécuter le prolongement sur Tlemcen et Marnia, et, l'Etat s'effaçant, les Compagnies concessionnaires ne feraient pas défaut.

Que nous manquait-il donc ? qu'avions-nous à envier ? à quels besoins y avait-il à satisfaire, et pourquoi nos représentants au Conseil supérieur ont-ils consenti à nous imposer, à imposer presque exclusivement 43,516 Français, représentant environ 8,000 chefs de famille, de plus de 600,000 francs de charges annuelles et à perpétuité, lesquels 600,000 francs dépasseront certainement plus de 60 francs par famille française ? — Pourquoi ?

On ne peut pas invoquer sérieusement, ce serait trop ridicule, la vaine promesse qui leur a été faite de ce chemin de fer aussi phénoménal que problématique destiné à relier Sebdou, par Tlemcen, à Beni-Saf.

A qui et à quoi profiterait-il ? Serait-ce à Tlemcen ?

Sans doute, cette ville se trouverait ainsi plus rapprochée de la mer et, *toutes conditions égales d'ailleurs,* elle aurait intérêt à avoir son port à Beni-Saf plutôt qu'à Oran.

On verrait alors tout le commerce du Sud déserter notre ville, qui cesserait d'être son entrepôt, et se porter vers Beni-Saf.

Ce serait une perte très-considérable pour Oran qui verrait diminuer de beaucoup son importance commerciale. — Est-ce le but poursuivi par nos délégués? Nous ne voulons pas le croire ; car ce serait servir d'une singulière façon les intérêts que leur ont confiés leurs électeurs. — Que les délégués de Tlemcen aient eu en vue cette perspective, passe encore ; mais que ceux du Sig, de Mascara, de Mostaganem, de Bel-Abbès, d'Oran, surtout, aient obéi à un pareil mobile, nous ne saurions l'admettre.

D'ailleurs, qu'on ne s'y trompe pas, nous avons dit, mais souligné plus haut cette réserve, que Tlemcen aurait avantage à avoir son port à Beni-Saf, *toutes conditions égales.* Eh bien, ces conditions égales n'existent pas, n'existeront pas avant un siècle, et Tlemcen, en l'état, n'aurait aucun avantage réel à aboutir directement à Beni-Saf, et le chemin de fer projeté ne l'enrichirait pas, ne lui serait d'aucun profit.

Et alors qui enrichirait-il ? La Compagnie des mines seule (débris de la Société générale algérienne). Si les produits du Sud prenaient cette direction, la Compagnie des mines seule en profiterait.

En effet, les marchandises dirigées sur Beni-Saf auraient à payer à la Compagnie des mines un droit de tonnage variant de 4 à 7 francs par tonne embarquée ou débarquée, ce qui absorberait l'économie résultant d'un trajet moins long, et ce qui fait que Tlemcen n'aurait rien à gagner à changer de port ; l'avantage resterait donc toujours au port d'Oran dont l'accès est plus facile, qui est plus sûr, et où, surtout, le fret sera toujours à meilleur compte.

Pour toutes ces raisons capitales le commerce du Sud, quoi qu'on fasse, ne désertera pas la route d'Oran, et le chemin de fer de Sebdou à Beni-Saf restera toujours, ou très-longtemps au moins, un rêve creux, une conception malheureuse et une détestable opération financière.

Et c'est pour ce résultat, pour ce chemin de fer problématique et inutile, qui ne pourrait avoir d'autres conséquences que d'enrichir la Société générale algérienne, mais en portant une grave atteinte à la prospérité d'Oran, que nous ouvririons la porte à des impôts qui coûteraient au début, et au bas mot, plus de 600,000 francs par an à notre province, sans préjudice d'un accroissement constant, qui discréditeraient la Colonie, la paralyseraient dans son essor, nous feraient reculer lorsque nous avançons !

Il est difficile vraiment de qualifier une pareille conception sans se servir d'épithètes peu flatteuses, et on se demande comment elle a pu trouver un seul adepte !

Aussi avons-nous l'absolue confiance qu'elle est morte à peine née, ne pouvant pas tenir devant un examen consciencieux, une discussion approfondie, calme et loyale, et que dans les Chambres françaises, si on osait l'y produire, la lumière se ferait si éclatante par l'organe de nos représentants algériens et par tous ceux qui connaissent bien l'Algérie, que pas un sénateur ni un député ne lui prêterait son appui.

CHEMINS DE FER

LIGNE PROJETÉE DE TLEMCEN A BENI-SAF

A monsieur Gérard, directeur du journal L'ATLAS

Oran, 16 janvier 1878.

MON CHER MONSIEUR GÉRARD,

Dans votre numéro de ce jour, 16 courant, vous avez dit quelques mots de l'enquête ouverte par l'administration, sur la ligne du chemin de fer projetée de Tlemcen à Beni-Saf ; vous avez, avec raison, critiqué le peu de renseignements officiels fournis dans une question fort grave, sur laquelle on appelle toute uue population à se prononcer ;— sans chercher à incriminer les intentions de qui que ce soit, on est obligé de reconnaître, en effet, que ceux qui nous consultent sur la valeur de leur conception jouent, à leur insu sans doute, le rôle du singe qui avait oublié d'éclairer sa lanterne.

Comme la question est des plus graves et intéresse au plus haut degré la prospérité d'Oran, nous allons essayer, si vous voulez bien nous le permettre, de jeter quelque lumière dans ce foyer obscur.

Le devoir de la presse, celui des Algériens et principalement des Oranais est de pousser le cri d'alarme, car un vrai danger menace non-seulement nos finances qne l'on paraît disposé à jeter à vau-l'eau, mais surtout la prospérité de notre province, et plus spécialement celle de notre ville d'Oran.

Qu'on ne s'y trompe pas, nous n'exagérons rien, le danger est sérieux et grave, et l'œuvre à accomplir, ruineuse pour notre budget, folle dans ses résultats financiers, serait des plus fatales au point de vue économique, et aurait des conséquences désastreuses pour notre cité qu'elle appauvrirait dans une notable proportion.

Nous allons essayer de le prouver.

N'est-il pas vrai que la prospérité d'Oran tient presque uniquement à son activité commerciale ?

La prospérité d'un village, d'une petite ville, peut tenir à la richesse de son territoire, celle d'une grande ville n'a et ne peut avoir pour cause que son commerce ou son industrie ; — sa prospérité commerciale dépend presque toujours de sa situation topographique, de son milieu et de ses aboutissants, ou bien de son industrie ; — mais, pour l'industrie, il faut deux choses indispensables, des moteurs naturels et gratuits, ou tout au moins des moteurs très-peu dispendieux et des matières premiéres presque sous la main : voilà les agents indispensables ; — certes, une main-d'œuvre exercée entre pour une certaine part dans l'industrie, mais cet outillage humain se crée très-vite, tandis qu'il n'en est pas ainsi de la force motrice : les chutes d'eau et le combustible sont des agents naturels, indépendants de l'homme et au-dessus de ses efforts. Castres, Mazamet et Lodève, Saint-Étienne, Sedan, Elbœuf, Louvier, Tourcoing, Roubaix, Lille, Saint-Quentin, Mulhouse, Colmar et bien d'autres centres manufacturiers, sont prospères, parce que dans les uns les chutes d'eau abondent et font mouvoir leurs métiers à rien ne coûte et que dans les autres la houille qui donne la vapeur est comme sous la main et à un très-bon marché relatif.

Les villes qui, comme Besançon et Genève, ont des industries qui peuvent se passer de forces motrices très-puissantes sont fort rares et se comptent ; encore le Doubs et le Rhône ne sont-ils point étrangers à leur prospérité.

Venise et Gênes ne durent leur grandeur qu'au courant commercial dont elles furent l'entrepôt, et personne ne nous contredira lorsque nous affirmerons que notre ville d'Oran ne jouit d'une prospérité relative que parce qu'elle est le tenant et l'aboutissant de toute la province.

Supprimez-lui son commerce avec l'Est et le Sud, avec Tiaret, les Felitas, Relizane, Saïda, Mascara, le Sig, Lamoricière et Bel-Abbès, Zebdou, Tlemcen, Aïn-Temouchent, et du coup *vous la ruinez.*

Son industrie locale est trop restreinte et dans une impossibilité trop absolue de se développer, faute de moteurs, son territoire est infiniment trop peu étendu, malgré toutes les ressources que peuvent lui procurer ses vignobles créés ou à créer, pour qu'elle puisse trouver dans ces sources de production un aliment suffisant à sa prospérité.

Oran est une ville essentiellement commerciale, c'est-à-dire une ville d'entrepôt, et elle doit rester telle sous peine de prompte et terrible décadence.

S'il en advenait autrement, elle subirait bientôt le sort de Mostaganem et un sort bien pire encore, car les alentours de Mostaganem suffisent à alimenter dans une certaine mesure le commerce d'une petite ville de 12,000 habitants, tandis que le territoire d'Oran ne suffirait pas à alimenter une population de 50,000 âmes.

Et cependant, qui ignore que depuis que le courant commercial de Tiaret, des Felitas et de Relizane a abandonné la route de Mostaganem pour celle d'Oran, à cause du chemin de fer, Mostaganem a perdu la bonne moitié de son importance, et que ses immeubles urbains ont baissé de valeur dans la proportion de 50 pour 100. Ces deux faits sont si vrais, que des immeubles qui valaient, haut la main, 100,000 francs, ne trouveraient pas preneurs aujourd'hui à 50,000 ; — cela est si vrai, que ses principaux négociants ont déserté cette ville pour venir se fixer à Oran au milieu de nous, chacun les connaît et leurs noms viendront aux lèvres de tous.

La question qui nous occupe est si importante que (j'en demande pardon à mes lecteurs) je la traite un peu terre à terre pour être bien compris de tous sans exception.

Je demande donc à tous et à chacun s'il n'est point vrai que le jour où nous ne commercerions plus avec le Sud par Zebdou, Tlemcen et Aïn-Temouchent, où nous ne commercerions plus avec l'Est par Tiaret, les Felitas, Relizane ; avec le Sud-Est par Saïda, Mascara, la plaine d'Egris, Perrégaux, s'il n'est point vrai que ce jour là il nous tomberait la plus belle plume de notre aile, s'il n'est point vrai que ce jour là nous serions amoindris commercialement de plus de moitié, et que le sort de Mostaganem dont nous parlions tout à l'heure ne tarderait pas à nous atteindre.

Et cependant, n'est-ce pas ce dont nous sommes menacés pour une partie au moins?

Le chemin de fer de Tiaret à Mostaganem pourrait, dans une certaine mesure, être un danger pour Oran, mais ce danger sera conjuré par le croisement des deux voies à Relizane (nous traiterons plus tard le côté économique de cette question); le chemin de fer de Saïda à Arzew sera moins à redouter encore, grâce au croisement à Perrégaux (nous traiterons également cette question); mais d'ailleurs ces chemins de fer, d'un côté, *ne nous coûteront rien*, puisqu'i existe des compagnies pour les exécuter sans garantie d'intérêts è d'un autre côté, leur établissement augmentera dans de notables proportions la fortune publique, mais il n'en est point de même pour celui qui nous occupe, pour le chemin de fer de Tlemcen à Beni-Saf, au sujet duquel l'enquête est ouverte, et contre l'établissement duquel chaque Oranais, soucieux de l'intérêt de nos finances, de l'intérêt du département, de l'intérêt de notre ville surtout, doit hautement protester.

2

L'espace dont vous pouvez, mon cher M. Gérard, disposer pour nous dans votre feuille, ne nous permet pas de traiter aujourd'hui cette question spéciale, mais nous y reviendrons dans un prochain numéro, si vous voulez bien nous le permettre, et nous viderons, *chiffres en mains,* une question que nous n'avons fait qu'effleurer dans notre lettre au *Courrier d'Oran,* nous prouverons que les dix millions de premier établissement sont dix millions dépensés en pure perte pour l'Algérie, pour la colonisation, pour Tlemcen, mais en revanche, dix millions dépensés de la façon la plus préjudiciable pour notre ville d'Oran.

Il faut que l'attention de nos concitoyens soit éveillée sur une question aussi grave, il faut leur faire toucher du doigt les dangers multiples de ce détestable projet, afin qu'ils s'élèvent unanimement contre lui, et que l'autorité supérieure, mieux renseignée, le repousse elle-même.

20 janvier.

Nous avons dit que le chemin de fer projeté de Tlemcen à Beni-Saf, à propos duquel une enquête est ouverte, était une détestable opération financière ; que les *dix millions* jugés nécessaires pour son premier établissement seraient dix millions dépensés en pure perte pour l'Algérie, pour la colonisation, pour Tlemcen, mais qu'en revanche, ce serait dix millions dépensés de la façon la plus préjudiciable à la prospérité de notre ville d'Oran.

Appuyons nos assertions sur des données authentiques, puisées aux sources officielles, et étayons-les de chiffres pour défendre tout à la fois les plus simples notions économiques, les intérêts des contribuables, ceux de la colonisation et surtout ceux d'Oran.

En dehors des conditions stratégiques, un chemin de fer peut-il avoir d'autre but que de favoriser les relations et les échanges, le transport des voyageurs et les relations commerciales, l'écoulement des produits bruts ou manufacturés entre un point et un autre point, une ville et une autre ville ; que de rattacher les lieux de production où de consommation à nos ports pour favoriser le mouvement des produits allant à l'étranger ou en venant, ou enfin d'arriver à la prise de possession définitive par l'homme et la civilisation des contrées qui avaient jusque-là échappé à leur conquête ?

A quel besoin répond celui qui nous occupe ?

Ne nous payons pas de mots, adressons-nous aux chiffres !

Le trafic actuel de Tlemcen avec l'extérieur est (chiffres puisés aux renseignements officiels) de 59,026 kilos par jour, c'est-à-dire que Tlemcen reçoit ou expédie journellement en moyenne 59 tonnes de marchandises ; — il reçoit ou expédie aussi 1,200 kilos d'articles de messageries ; — Il reçoit ou il fournit 86 voyageurs par jour ; — il exporte, *par an*, d'après les renseignements émanés de son Conseil municipal, 12,000 bœufs, 40,000 moutons, 12,000 porcs. (Nous croyons que ces chiffres, quant au bétail et aux porcs surtout, sont un peu exagérés ; nous les acceptons cependant).

Admettons, maintenant, que tout ce mouvement commercial abandonne *complétement, absolument*, toute autre direction pour prendre la route de Beni-Saf ; que, par conséquent, le chemin de fer d'intérêt général, classé n° 1, et qui doit aboutir à Tlemcen, n'importe ni n'exporte pas un kilo de marchandise ; qu'au lieu d'être un chemin de fer fonctionnant, il soit purement et simplement un objet d'art pour lequel on se sera amusé à dépenser dix millions, une bagatelle, sans autre but que d'y faire promener de temps en temps quelques soldats et quelques canons en sa qualité de chemin de fer stratégique, réservant tout le trafic pour Beni-Saf, ce grand centre commercial, cette ville peuplée de négociants, avec ce port grand et sûr que tout le monde connaît, mais à l'établissement définitif duquel personne ne croit, pas même certains conseillers généraux qui ont voté pourtant le projet de chemin de fer destiné à aboutir à un port problématique.

Ce qu'il y a de plus curieux dans l'affaire de ce port, c'est que l'exposé officiel qui précède l'acte de concession et le cahier des charges renferme l'aveu suivant : « L'entrée du port ne sera *évidemment* » pas facile, pour les voiliers, par les vents d'Ouest, surtout s'ils » soufflent en tempête, mais il y a lieu de rappeler :

» 1° Que le but poursuivi n'est pas de créer un *un port de refuge,* » mais *un abri* où les navires, *une fois entrés,* seront en sécurité » pendant les mauvais temps ;

» 2° Que les voiliers formeront la minorité des bâtiments qui vien- » dront charger à Beni-Saf ;

» 3° Que l'île de Rachgoun, située à proximité (3 milles), offre, en » tout temps et pour tous navires, un refuge parfaitement sûr. »

Voilà, j'espère, une fiche de consolation suffisante pour les marins pressés d'aborder au mouillage de Beni-Saf.

Et c'est après de pareils aveux qu'on nous parle de faire une tête de ligne de ce centre béni, de cette rade si hospitalière !

Mais, revenons au chemin de fer même. Donc, étant admis que *tout* le trafic de Tlemcen passera par là, et pas un kilo par la ligne du grand central allant à Tlemcen, nous aurons :

1° Marchandises générales : 59,026 kilos par jour, multipliés par 365 jours, égalent 21,554 tonnes, qui a un prix moyen de 14 fr. 50 ; nous donnent . . . . 332.531 ⁕

2° Articles de messageries : 1,200 kilos, multipliés par 365 jours, égalent 438 tonnes à 54 fr. par tonne. 23.652

3° Voyageurs :

Qui osera soutenir que les 86 voyageurs qui partent de Tlemcen ou y viennent par la route d'Oran, iront à Beni-Saf ? — Et pourquoi iraient-ils ? — Ils viennent à Oran parce que non-seulement Oran est une grande ville commerciale, mais encore parce qu'elle est aussi le siége de l'administration, le port où aboutissent les courriers de mer, où l'on trouve des établissements d'instruction publique, etc., etc. ; mais, à Beni-Saf, qu'iraient-ils faire ? Attendre qu'il plaise à Dieu et la mer que leurs marchandises puissent être embarquées ou débarquées ? Tout cela n'est pas sérieux, et Beni-Saf ne donnera pas ou ne recevra pas 20 voyageurs par jour, ayant parcouru tout le parcours. — Or, 20 voyageurs par jour, ayant parcouru tout le parcours, produiront au chemin de fer. 51.100

4° Reste le bétail.

Il est notoire qu'une faible partie de ce bétail serait embarquée à Beni-Saf, car la plus grande partie sert à l'alimentation non-seulement de notre province, mais encore de la province d'Alger ; — si nous accordons que 1/4 prendrait ce chemin de fer, nous sommes certainement au-dessus du vrai. Nous ne devons donc porter de ce chef, à l'actif de l'exploitation, que. 59.220

TOTAL. . . . . . 456.503 ⁕

C'est donc 456,503 fr. que produirait cette ligne, *tout le trafic prenant cette voie ;* — mais que coûterait l'exploitation ?

Le rapport sur les chemins de fer algériens, pour l'année 1876, établit que les trais d'exploitation ont coûté 8,871 fr. par kilomètre. Nous serions donc autorisés à prendre ce chiffre comme base de nos calculs ; nous ne l'admettons pas, cependant, car nous voulons tenir compte de ce fait que les rails en acier dont on se sert maintenant réduiront le personnel de l'entretien ; que les frais d'exploitation et ceux d'amortissement peuvent aussi être diminués, les premiers par une direction mieux entendue, plus sévère et une administration moins encombrée d'état-major, les seconds parce que la dépense de premier établissement aura été moins forte. Nous croyons donc que sur une voie construite dans des conditions de pente normale, les frais généraux d'exploitation pourraient être ramenés, avec le trafic restreint de la ligne de Tlemcen à Beni-Saf, à 7,000 fr. par kilomètre ; mais, sur cette voie, la traction serait beaucoup plus coûteuse, car ici les rampes seraient continues et très-fortes en même temps que les courbes auraient de petits rayons.

Nous devons donc élever cette dépense de 500 fr. au moins, de plus que nos évaluations moyennes, et adopter, comme frais minimum d'exploitation, 7,500 fr. par kilomètre. Les 76 kilomètres de Tlemcen à Beni-Saf (la descente du plateau à 84 mètres d'altitude, que l'on veut opérer au moyen d'un plan incliné, équivaut, pour les frais, à un parcours de 3 kil.), les 76 kil. coûteraient donc $76 \times 7,500 = 570,000$ fr.

La dépense étant de.	570.000 "
La recette étant de	456.503
L'exploitation, à elle seule, produirait donc une perte sèche de.	113.497 "
à laquelle somme il faudrait ajouter, pour garantie d'intérêts	600.000
Soit.	713.497 "

de perte annuelle, plus des *deux tiers d'un million*.

Voilà, certes, un beau résultat financier, et tout cela pour faire palper, chaque année, 150,000 fr. environ de frais de tonnage ou de stationnement à la *Société des mines !* Mais il serait bien plus simple de les lui donner purement et simplement à titre de fief, et de la prier de nous laisser tranquille avec son chemin de fer ; nous y gagnerions encore 550,000 fr. par an.

Voilà le résultat financier de ce beau projet.

Voyons quel avantage en retirerait Tlemcen :

La tonne de marchandise embarquée à Beni-Saf, transport ou *droits de tonnage compris*, reviendrait à 19,43, lorsque *par la voie directe*, elle coûterait 21,25 ; il y aurait donc économie, par Beni-Saf, de 1 fr. 80 par tonne ou 18 cent. par 100 kilos ; mais comme le fret pour Beni-Saf, le port hospitalier que vous savez, coûterait au moins, en moyenne, 3 fr. par tonne de plus, le commerce de Tlemcen, au lieu de gagner, perdrait à donner cette direction à ses produits.

Voilà pour un! Est-ce tout? pas encore!

Nous avançons, et nous allons le prouver en deux mots que Tlemcen verrait, par le fait de l'établissement de cette ligne, son importance commerciale *diminuer*, au lieu de la voir s'accroître.

En effet, aujourd'hui, tous les produits de la région aboutissent directement à Tlemcen, d'où ils convergent vers Oran; — avec la ligne projetée le bétail, les laines, les céréales de Marnia, les produits venant d'Ouchda; — ceux d'Ennaya, de toute la plaine de la Tafna, au lieu d'aller à Tlemcen, prendraient le chemin de fer au plus près: à Ennaya, à Romeri, à Sidi-Amara, aux Plâtrières, et déserteraient Tlemcen. Autant de perdu pour lui!

Et Oran?

Ah! c'est ici, pour notre ville, le point capital! Oran, non-seulement perdrait tout le bénéfice de son commerce avec Tlemcen, mais encore avec toute la région qui s'étend depuis Tlemcen jusqu'à Er-Rahel: l'Amiguié, Pont-de-l'Isser, Aïn-Kial, Aïn-Temouchent, Chabat-el-Leham, Rio-Salado, La M'leta. Tous ces produits, grâce à l'embranchement accordé du Rio-Salado, déserteraient Oran pour Beni-Saf, dont ils seraient plus rapprochés: il est vrai que le droit de tonnage les éloignerait peut-être; mais s'ils ne devaient pas s'en servir, à quoi bon ce raccordement qui coûterait encore 3 à 4 millions.

Il ne faut pas perdre de vue que cette région, dont nous venons d'énumérer les centres, double le trafic de Tlemcen sur Oran. (Les pointages officiels faits à Lourmel donnent, en effet, des chiffres doubles de ceux faits de l'Isser à Tlemcen.)

Voilà les beaux résultats de ce beau projet: jeter 10 millions à la mer, faire paître les troupeaux sur la ligne déserte abandonnée du grand central sur Tlemcen, qui aurait coûté plus d'autres 10 millions, appauvrir Tlemcen au lieu de l'enrichir, l'isoler de son chef-lieu, diminuer le commerce d'Oran d'un bon quart, paralyser, par conséquent, l'essor de notre ville, diminuer la valeur de ses immeubles, discréditer nos voies ferrées, et, comme conséquence, l'Algérie. On voit que ceux qui l'ont conçu et ceux qui l'ont voté ont le droit d'en être fiers.

Mais, avant de clore cet article, admettons pour un moment que le trafic fût d'un tiers plus élevé que ne l'indiquent nos données statistiques, admettons que ce chemin de fer, au lieu d'être en perte de 113,497 fr. par an sur ses frais d'exploitation, les couvrit au contraire, la garantie de 600,000 fr. ne resterait pas moins à payer.

Personne ne nous contredira, assurément, si nous soutenons que le trafic de Tlemcen, au lieu de se porter *tout entier* sur cette seule ligne, se partagerait entre elle et celle du grand central à Tlemcen. Qu'arriverait-il alors ? Il arriverait ceci : c'est que chaque ligne, ne bénéficiant que d'un demi-trafic, serait en perte de 300,000 fr. sur les frais d'exploitation en perte de 600,000 fr. pour la garantie d'intérêts, soit 900,000 fr. de perte pour chacune ou 1,800,000 fr. pour les deux, presque tout le produit qu'on entend retirer des nouveaux impôts. C'est le cas de dire ou jamais : « que nous paierions les bâtons pour nous faire battre. »

Nous dirons, plus tard, quelle est la ligne pratique, productive, par laquelle on doit remplacer les deux projets Beni-Saf-Tlemcen et Sidi-bel-Abbès-Tlemcen, qui, pris séparément, sont mauvais l'un et l'autre, et, pris ensemble, sont détestables.

CHEMIN DE FER DE TLEMCEN

ETUDE COMPARATIVE SUR CELUI DES TROIS PROJETS DE CHEMIN DE FER QUI DOIT ÊTRE ADOPTÉ POUR RELIER TLEMCEN A LA MER ET A ORAN, AU TRIPLE POINT DE VUE DES INTÉRÊTS GÉNÉRAUX ET DE L'INTÉRÊT PARTICULIER DE TLEMCEN ET D'ORAN.

Oran, 3 février 1878.

Ce qui distingue surtout les républiques des monarchies, c'est que, dans les premières, les peuples se gouvernent et que, dans les secondes, ils sont gouvernés ; les républiques conviennent aux peuples majeurs, les monarchies aux peuples encore enfants.

La forme républicaine impose aux citoyens le devoir de s'occuper eux-mêmes des affaires publiqnes, comme de leurs affaires personnelles ; il y a, du reste, entre les unes et les autres une connexité parfaite. « La bonne politique fait les bonnes finances », a dit un grand ministre ; il est certain qu'il n'y a d'heureux et de prospères que les Etats bien gouvernés.

Le républicain doit donc une partie de son temps et de ses soins aux affaires publiques, de la prospérité desquelles dépend la prospérité de ses affaires privées. En monarchie, le peuple s'en remet à son gouvernement ; en république, il ne doit s'en remettre qu'à lui-même.

Voilà pourquoi, simple citoyen, nous abordons aujourd'hui l'étude d'une question économique à la solution de laquelle sont attachés les intérêts les plus graves pour notre province, pour Tlemcen, pour Oran, et voilà pourquoi nous appelons nos concitoyens à l'aborder avec nous.

Importance industrielle et commerciale de Tlemcen

Pour faire toucher la vérité du doigt, nous sommes obligés d'entrer dans des détails techniques. Nous dirons donc que Tlemcen est, après Oran, la ville la plus importante de la province : par sa population, qui dépasse vingt mille âmes (20,850), non compris trois ou quatre mille hommes de garnison ; par sa production locale (je parle seulement de son territoire communal), qui est de plus de douze millions (12,608,000) ; par son commerce, qui se chiffre par plus de quarante millions (40,000,000). Ses comptes à la Banque de l'Algérie ou à la Société algérienne dépassent seize millions (16,000,000) ; ses patentés (et c'est ici une preuve indiscutable de son activité commerciale) sont au nombre de quinze cent quatre-vingt-un (1,581).

Il existe, dans le ressort administratif de Tlemcen, trente-sept usines (37/, dont vingt-une (21) de première classe, et toutes, pour ainsi dire, dans la ville ou aux portes de la ville.

Les chutes d'eau qui pourraient être utilisées comme forces motrices atteignent, au moins, le chiffre de soixante (60).

Toutes les matières premières y abondent, ce qui place Tlemcen dans cette situation exceptionnelle d'avoir sous la main (pour nous servir d'une expression un peu triviale, mais imagée) le pain et le couteau, c'est-à-dire qu'elle peut fabriquer sans recourir à l'importation, ni des centres algériens ni de l'étranger.

En effet, on trouve à Tlemcen, d'abord, les laines propres à la fabrication de tous les tissus, car les variétés y sont nombreuses : les Amianes sont des laines fines et soyeuses ; les Beni-Snous, les Beni-Snassem, les Angades sont des laines fortes, longues, résistantes ; les Maghnia, des laines communes, mais remarquables par leur nerf et leur longueur.

Laines à peigne, laines à carde, laines propres à la matelasserie, à la fabrication des couvertures, aux draps grossiers, aux draps les plus fins, aux flanelles, aux tricots, à tous les usages enfin.

Orléans pour ses couvertures, Paris pour sa literie, Roubaix et Tourcoing pour leurs étoffes spéciales et pour leurs filés, Sedan et Elbeuf pour leurs draps, Castres et Mazamet pour les molletons, les tartans, les flanelles, emploient les diverses variétés des laines de Tlemcen.

La production doit être évaluée à un million deux cent mille kilogrammes (1,200,000).

Après les laines, les huiles : huiles comestibles, huiles propres aux travaux industriels les plus variés et principalement à la savonnerie. La production annuelle doit être évaluée à dix mille hectolitres (10,000).

Les bois, le thuya entre autres, avec lequel l'ébénisterie fabrique de si beaux meubles ; le chêne vert, dont le grain le dispute aux métaux pour la dureté ; les marbres, l'onyx translucide ou agate antique (carrière unique dans le monde connu), pour alimenter ses scieries ; les lièges ; les écorces à tan, pour ses tanneries ; les alfas, pour la corderie, la sparterie, pour la fabrication des pâtes à papier et, l'industrie se développant, pour la fabrication du papier lui-même, — tout cela se trouve sur place et abonde, et les forces motrices hydrauliques sont sous la main à chaque pas.

Il y a, à Tlemcen, deux cents métiers de tisserands (200), qui indiquent assez quel champ et quels débouchés seraient ouverts pour la fabrication mécanique et perfectionnée des tissus.

Les eaux de Tlemcen sont exceptionnelles pour la fabrication de la bière ; la bière de cette localité est de beaucoup la meilleure de toute l'Algérie ; il s'en exporte dans toute la province.

Ce n'est pas sans un assemblage de causes prépondérantes que Tlemcen était, dans l'antiquité, la capitale d'un florissant et important royaume, qui embrassait la moitié occidentale de l'Algérie ; la population de Tlemcen était alors de cent mille âmes (100,000). Certes, on ne doit plus rêver pour elle son ancienne importance politique : mais sa position géographique, aux portes du Maroc et du Sahara ; le riche territoire qui l'entoure ; son climat exceptionnel pour l'Algérie, se rapprochant si bien du climat de notre France méridionale ; l'abondance et l'excellence de ses eaux ; la salubrité de l'air qu'on y respire ; ses productions agricoles, si variées qu'elles présentent un tout plus complet qu'on n'en pourrait trouver sur nul autre point ; les mines qui l'entourent, mines de plomb à Gar-Rouban, mines de cuivre à Mazis ; les vastes plaines d'alfa qui s'étendent du côté de Sebdou, d'El-Beticha, d'El-Aricha, — feront forcément de Tlemcen, sous la domination française, un des points les plus importants de nos possessions algériennes.

La seule cause qui ait, jusqu'ici, paralysé son essor est l'absence de communications faciles.

On s'étonne vraiment de son importance commerciale actuelle, lorsqu'on songe que les moyens de transport y sont si coûteux et si difficiles, que les marchandises les plus riches peuvent seules en supporter la charge et que l'exportation des grains et des alfas, par exemple, y est presque impossible, à cause des prix si élevés de transport (cette exportation ne se pratique qu'exceptionnellement et seulement pendant quelques mois de l'année.

Il n'est pas rare de voir les transports de Tlemcen à Oran atteindre les prix de cinq et six francs par cent kilogr. (5 et 6 fr.); les prix les plus bas sont encore de trois et quatre francs (3 et 4 fr.).

L'importance de l'exportation s'accroîtra donc dans des proportions considérables, le jour où Tlemcen sera doté d'un chemin de fer rendant ses communications faciles et à bon marché.

Nous devons ajouter que les marchés hebdomadaires de Sebdou, des Ghossels, d'Ouled-Kial, des Beni-Snous, de Lamoricière, d'Ouled-Assa, de Trara, de Nédroma, de Pont-de-l'Isser, de Maghnia, amènent à Tlemcen de nombreuses transactions de toutes sortes, et que la ligne ferrée sera l'artère naturelle par laquelle se déverseront tous ces produits.

Les différents tracés

Trois tracés différents, l'un par Bel-Abbès, l'autre par Aïn-Temouchent, un troisième par Beni-Saf s'offrent pour mettre Tlemcen en communication avec la mer.

Nous avons dit ce que serait le chemin sur Beni-Saf (page 15); c'est une conception malheureuse, pour ne pas dire insensée; nous n'y reviendrons pas. Ce projet, lancé on ne sait trop comment, serait, s'il pouvait aboutir, la plus détestable opération financière; il serait fatal à Tlemcen, fatal surtout à Oran, dont il diminuerait considérablement l'importance commerciale; il ne profiterait que dans de bien faibles proportions à la colonisation future des bords de la Tafna (nous le prouverons au besoin). Ses résultats seraient tous négatifs, si nous en exceptons le fief qu'il constituerait au profit de la Société générale algérienne, dans le cas où, contrairement à « *l'opinion de beaucoup de personnes compétentes,* elle parviendrait à construire son port »;

que, si elle n'y parvient pas, ce serait un chemin de fer aboutissant à une impasse. Ceux qui l'ont conçu et ceux qui l'ont voté ont vraiment droit à un brevet d'invention.

La conception de ce chemin de fer pêche par tant de côtés à la fois, qu'il reste toujours quelque chose à en dire, quelque inconséquence nouvelle à en faire ressortir : ainsi, parvînt-on à faire, à Beni-Saf, un port commode et sûr, qu'il faudrait encore y édifier une ville, y amener de l'eau on ne sait d'où (car il n'y en a pas dans les environs), la peupler, y attirer le commerce, toutes choses auxquelles il paraît téméraire de songer et entreprise à coup sûr aventureuse.

D'ailleurs, Tlemcen doit être reliée au chef-lieu de la province (Oran) et aux autres villes de l'Algérie avec lesquelles (Oran surtout) elle a tant d'intérêts divers, but que n'atteindrait, en aucune façon, le chemin de fer sur Beni-Saf.

On parle bien, il est vrai, d'un raccordement avec le chemin d'Aïn-Temouchent à Oran ; mais, outre que c'est jouer avec les millions comme avec des coquilles de noix, outre qu'un chemin de fer du Rio-Salado à Oran n'aurait plus alors aucune raison d'être, ce serait, pour aller de Tlemcen à Oran, prendre le chemin de l'école et allonger bien gratuitement de plus de 30 kilomètres.

Nous l'avons dit et nous le répétons : dans ce projet, les inconséquences se coudoient ; ne nous en occupons donc plus.

Reste à examiner sérieusement, au point de vue des intérêts commerciaux et du rendement pécuniaire de l'entreprise, les deux tracés par Aïn-Temouchent et par Bel-Abbès.

TRACÉ PAR AIN-TEMOUCHENT

Trafic actuel par la route nationale

Pour nous rendre un compte exact du trafic *actuel* entre Oran et Tlemcen, nous avons eu recours aux documents officiels qui pouvaient nous éclairer d'une façon sûre.

Ces documents sont, entre autres, les pointages bi-mensuels faits par les soins des ponts et chaussées et qui nous indiquent le nombre exact de voitures de chaque sorte : voitures de roulage, agricoles, publiques pour les voyageurs, particulières pour les voyageurs, chargées et non chargées, avec le nombre de bêtes de trait qui y sont attelées, ainsi que les bêtes de somme qui circulent sur cette route.

Ces comptages se font à plusieurs stations ; ces stations sont au nombre de cinq, savoir :

D'Oran au 8ᵐᵉ kilomètre ; du 8ᵐᵉ kilomètre à Bou-Tlélis ; de Bou-Tlélis à Er-Rahel ; d'Er-Rahel à l'Isser ; de l'Isser à Tlemcen.

Il résulte de la compulsation de ces documents et des calculs dont ils nous ont fourni les données, que le trafic, pour les seules voitures de roulage, a été de :

1ᵉʳ comptage	. . .	84.238 kilogr.
2ᵐᵉ —	. . .	73.084
3ᵐᵉ —	. . .	88.834
4ᵐᵉ —	. . .	89.000
5ᵐᵉ —	. . .	94.136
6ᵐᵉ —	. . .	72.704
		501.996 kilogr.

soit en moyenne 83.704 kilogr.

Mais les voitures de roulage ne sont pas les seuls moyens de transport des marchandises : les voitures de colon, les bêtes de somme, les voitures publiques, pour les objets dits de *messageries*, y contribuent ainsi pour une certaine part.

Pour les voitures de colon, les mêmes calculs ont donné les résultats suivants :

1ᵉʳ comptage	. . .	14.856 kilogr.
2ᵐᵉ —	. . .	21.633
3ᵐᵉ —	. . .	16.611
4ᵐᵉ —	. . .	11.283
5ᵐᵉ —	. . .	9.325
6ᵐᵉ —	. . .	20.629
		93.787 kilogr.

soit en moyenne 15,623 kilogr.

Pour les bêtes de somme : chameaux, mulets, chevaux et ânes, les mêmes calculs nous ont donné :

1ᵉʳ comptage	. . .	11.035 kilogr.
2ᵐᵉ —	. . .	14.950
3ᵐᵉ —	. . .	21.629
4ᵐᵉ —	. . .	6.229
5ᵐᵉ —	. . .	10.480
6ᵐᵉ —	. . .	13.556
		77.879 kilogr.

soit en moyenne 12,979 kilogr.

Il est à remarquer que les bêtes de somme sont à peu près les seuls moyens de transport employés par les indigènes.

En groupant les transports effectués par ces divers modes employés, nous trouvons :

<pre>
1° Voitures de roulage. . . . .   83.704 k. par kilom. et par jour.
2° Voitures de colon 15.623
3° Bêtes de somme. 12.979
                                  ─────────
soit un trafic kilométrique et jour-
nalier de . . . . 112.306 k.
</pre>

Et c'est avec des moyens de transport si restreints qu'ils font défaut ia plupart du temps ; avec des prix si élevés que les marchandises riches peuvent seules les supporter, que l'on arrive à de tels résultats : *112,306 kilos par kilomètre et par jour.*

Nous avons dit et nous devons répéter que les céréales, dans les années d'abondance, alors que les prix ne sont pas élevés, ne peuvent supporter les frais de transport actuels qu'exceptionnellement, et seulement pendant les quelques mois de l'année où l'état meilleur des routes, et le ralentissement des affaires font baisser un peu les prix.

Ce que nous disons de céréales s'applique à plus forte raison à l'alfa, marchandise moins riche encore et dont l'exportation par Tlemcen est, pour le moment, bien restreinte, tandis qu'elle acquerra des proportions considérables avec l'établissement d'une voie ferrée.

Voyageurs

Si, du trafic des marchandises, nous passons au mouvement des voyageurs, nous trouvons les résultats suivants :

Voyageurs transportés par les voitures publiques (Nous ne comptons que dix (10) voyageurs par voiture, quoique l'opinion généralement reçue élève de beaucoup ce chiffre, mais nous avons tenu à ne rien laisser à l'imagination, à ne rien traiter par *à peu près* et à ne nous en rapporter à aucun *on dit* sans les avoir vérifiés ; nous avons donc consulté les employés des messageries, nous nous sommes adressé aux directeurs les plus consciencieux, et nous croyons que ce chiffre de dix (10) voyageurs par voiture publique, quoique un peu faible, ne reste pourtant pas de beaucoup au-dessous de la vérité.)

Eh bien, à dix (10) voyageurs seulement par voiture publique et à deux (2) voyageurs par voiture particulière, nous trouvons :

$$
\begin{array}{lll}
1^{er}\ comptage & \ldots & 169 \\
2^{me}\ — & \ldots & 174 \\
3^{me}\ — & \ldots & 196 \\
4^{me}\ — & \ldots & 176 \\
5^{me}\ — & \ldots & 168 \\
6^{me}\ — & \ldots & 150 \\
\hline
& & 1.033
\end{array}
$$

soit en moyenne 172 par kilomètre et par jour.

Les individus voyageant à cheval ou à dos de mulet nous donnent les résultats suivants :

$$
\begin{array}{lll}
1^{er}\ comptage & \ldots & 20 \\
2^{me}\ — & \ldots & 36 \\
3^{me}\ — & \ldots & 46 \\
4^{me}\ — & \ldots & 20 \\
5^{me}\ — & \ldots & 26 \\
6^{me}\ — & \ldots & 27 \\
\hline
& & 175
\end{array}
$$

soit 29 par kilomètre et par jour.

Nous avons donc actuellement, pour toute la ligne, 201 voyageurs par kilomètre et par jour, en ne tenant aucun compte des piétons qui sont nombreux pourtant.

Nota. — Avons-nous besoin de dire que ce mouvement de marchandises et de voyageurs ne provient pas tout de Tlemcen, nous n'étudions pas ici le trafic de Tlemcen *seul*, mais bien celui de *toute la ligne* à partir d'Oran. Le mouvement de Tlemcen seul n'est que de 59,026 kilos pour les marchandises générales et de 86 voyageurs.

Poursuivons.

Articles de messageries

Les articles de messageries qui prendront tous ou presque tous la grande vitesse, car ce sont : le poisson, le gibier, les fruits, les légumes frais, les œufs, la volaille, le lait, le beurre, articles qui ne peuvent s'accomoder d'une expédition lente, nous donnent, en ne tenant aucun compte de ce qui peut être transporté autrement que par voitures publiques :

$$
\begin{array}{llr}
1^{\text{er}} \text{ comptage} & \ldots\ldots & 1.392 \\
2^{\text{me}} \quad\text{—} & \ldots\ldots & 1.899 \\
3^{\text{me}} \quad\text{—} & \ldots\ldots & 2.080 \\
4^{\text{me}} \quad\text{—} & \ldots\ldots & 2.105 \\
5^{\text{me}} \quad\text{—} & \ldots\ldots & 1.394 \\
6^{\text{me}} \quad\text{—} & \ldots\ldots & 2.036 \\
\hline
& & 10.906
\end{array}
$$

soit 1,817 par kilomètre et par jour.

Supplément de bagages et chiens

En France, sur la ligne Paris-Lyon-Méditerranée, le rapport entre le produit des excédants de bagages et des chiens est, avec le produit des voyageurs, de un vingt-huitième (1/28). Partant des mêmes données, nous trouvons 24,037 francs 50 centimes, chiffre que nous devrons porter à l'actif de la ligne dont nous étudions le trafic.

Bétail

Ici nos moyens d'investigation sont moins précis, et nos chiffres, par conséquent, moins certains.

Nous avons cependant, pour nous guider, le relevé des marchés d'Aïn-Temouchent, et les chiffres donnés par le Conseil municipal et les principaux négociants et agriculteurs de Tlemcen réunis en Commission spéciale pour dresser un état du commerce et de la production locale ; nous avons ce fait acquis que de nombreux troupaux partent, dès aujourd'hui, de Tlemcen et d'Aïn-Temouchent pour venir s'embarquer à Oran ; nous avons, enfin, des renseignements particuliers des marchés de Maghrnia, de Sebdou, des Gossels, d'Ouled-Kial, de Lamoricière, d'Ouled-Dassa, de Nedroma, du Pont-de-l'Isser, de la M'léta, etc., etc.

Ainsi, il arrive tous les jeudis, sur le marché d'Aïn-Temouchent, une moyenne de cinq cents bœufs (500), dont la moitié (250) prend la direction d'Oran.

Le nombre des moutons amenés sur le même marché est, en moyenne, de sept cents (700) ; tous ou presque tous prennent la direction d'Oran, les uns pour être expédiés en France, les autres pour servir à l'alimentation du chef-lieu ou être répandus sur d'autres points de la province ; un certain nombre est dirigé sur Alger.

Les chevaux, ânes ou mulets figurent pour une moyenne de cinquante (50) par marché ; la moitié prend la direction du littoral.

Le marché d'Aïn-Temouchent se trouvant à peu près à mi-chemin de Tlemcen à Oran, et étant alimenté, en très-grande partie pour les bœufs et, en presque totalité, pour les moutons, par le Sud et le Maroc, il en résulte que la moitié au moins des bœufs et la presque totalité des moutons suivent tout le parcours de Tlemcen à Oran, soit pour venir à Aïn-Temouchent, soit pour aller d'Aïn-Temouchent au littoral.

Nous devons donc inscrire de ce chef, à l'actif des transports qu'effectuera le chemin de fer, deux cent cinquante bœufs (250) ; six cents moutons (600) ; vingt-cinq bêtes de somme (25) pour chaque marché tenu hebdomadairement à Aïn-Temouchent, soit, par an, treize mille cinq cents bœufs (13,500) ; trente-un mille deux cents moutons (31,200); treize cents bêtes de somme (1,300) et quinze cents porcs (1,500).

Le marché de Tlemcen donne directement : seize mille cinq cents bœufs (16,500) ; cinquante-huit mille moutons (58,000) ; deux mille porcs (2,000) ; trois mille chevaux ou mulets ; la moitié de ces animaux soit 8,250 bœufs, 29,000 moutons, 1,000 porcs, 1,500 chevaux ou mulets prennent la route du littoral (1).

Et maintenant, nous restons de beaucoup au-dessous de la réalité, en évaluant à 4,000 bœufs, à 25,000 moutons, à 2,000 bêtes de somme, à 3,000 porcs les animaux expédiés des divers marchés de Maghrnia, Gossels, Nedroma, Ouled-Dassa, etc., etc.

Les chiffres fournis par les marchés de Tlemcen, Aïn-Temouchent et les autres marchés, pris en bloc, nous donnent donc comme exportation vers le littoral : vingt-cinq mille sept cent cinquante bœufs (25,750) ; quatre-vingt-cinq mille moutons (85,000) ; quatre mille huit cents bêtes de somme (4,800) ; cinq mille cinq cents porcs (5,500).

Comme preuve probante, que nos chiffres ne s'écartent pas de la réalité, nous dirons que la moyenne des exportations pour la France a été, pendant les trois dernières années, de soixante-deux mille cent dix-huit moutons (62,118 moutons) par année pour le seul département d'Oran ; si à ce chiffre de 62,118 on ajoute celui du commerce

---

(1) Les chiffres fournis par la Commission dont nous avons parlé plus haut donnent, pour l'exportation, 12,000 bœufs, lorsque nous n'en admettons que 8,250 ; 40,000 moutons au lieu de 29,000 portés par nous ; 2,000 porcs au lieu de 1,000 ; mais nous avons cru devoir abaisser ces chiffres, parce qu'une partie de ce bétail reparaît sur le marché d'Aïn-Temouchent *et ferait double-emploi.*

intérieur, celui de la consommation des localités du littoral, et qu'on tienne compte de ce fait que la plus grande partie des moutons nous vient par Tlemcen, on verra que nos chiffres sont plutôt trop faibles que trop forts.

Il est encore une autre donnée, tirée de la production générale de notre province, qui vient à l'appui de nos assertions.

La province d'Oran possède dans ses deux territoires, territoire civil et territoire de commandement, cent quatre-vingt-cinq mille quatre cent cinquante-cinq bêtes de somme (185,455) ; deux cent soixante-onze mille neuf cent cinquante-six bœufs (271,956) ; deux millions neuf cent huit mille huit cent soixante-quinze moutons (2,908,875) et la région desservie par la ligne de Tlemcen à Oran, par Aïn-Temouchent, est la région de production par excellence, et c'est encore par Tlemcen que le Maroc iutroduit chez nous des quantités de bétail très-considérables.

Les chiffres que nous admettons comme animanx devant être transportés par la voie ferrée appelée à desservir cette région, sont donc dans un rapport minimum avec cette production générale.

Il ne faut pas perdre de vue, d'ailleurs, que le rapport qui existe en France entre les voyageurs, les marchandises générales et le bétail, ne peut nullement servir ici de terme de comparaison.

L'Algérie, et principalement notre province, et plus particulièrement encore la région qui nous occupe, produisent surtout du bétail : l'Arabe est essentiellement pasteur et l'élevage du bétail est sa principale production.

TABLEAU RÉSUMANT LES DIVERSES BRANCHES DE PRODUITS

Rendement kilométrique et rendement général de la ligne

Résumant et groupant les résultats des énumérations qui précèdent, nous obtenons :

Marchandises générales. — Tonnage kilométrique journalier 112,706 kilos à 0 fr. 12 $\times$ 139 kilomètres $\times$ 365 jours =. 686.176ᶠ 67ᶜ

(Nous classons toutes nos marchandises dans la troisième et *dernière* catégorie lorsqu'il est constant que la plus grande partie est de la première et de la deuxième ; mais nous tenons, nous l'avons dit, à rester plutôt au-dessous qu'au-dessus de la réalité.)

A reporter, ...   686.176 67

Report. . . .   686.176 67

Voyageurs. — 201 par jour et par kilomètre, à 0 fr. 066 . . . .   673.050 50

(Nous prenons pour base de nos calculs, non point les tarifs généraux qui nous donneraient un chiffre *beaucoup plus élevé*, mais le rendement moyen obtenu sur la ligne d'Oran à Alger).

Supplément de bagages et chiens. — 1/28 du produit des voyageurs. 24.037 50

Messageries. — 1,817 kilos par kilomètre et par jour, à 0 fr. 54. . . . .   49.773 70

(Ici nous prenons les tarifs de la grande vitesse, mais nous prenons *le plus bas*, 0 fr. 54 au lieu de 0 fr. 59, qui est le tarif moyen.)

Finances et objets d'art. — Tarifs généraux . . .   3:502 80

Bétail. — 25,750 bœufs, à 0 fr. 10 par tête et par kilomètre 356.925

85,200 moutons, à 0 fr. 02 par tête et par kilomètre 236.856

4,800 bêtes de somme, à 0 fr. 10 par tête et par kilomètre 66.720

5,500 porcs, à 0 fr. 04 par tête et par kilomètre 30.580

Total . . . 691.081

(Nous étant imposé comme règle de rester, dans nos évaluations, en *dessous* de la réalité, et tenant compte de ce fait qu'une partie de ce bétail ne prendra peut-être pas tout d'abord la voie ferrée, nous *réduisons de un tiers* le chiffre obtenu par nos calculs et nous l'abaissons de 691,081 fr. à 460.720 00

Total du produit. . .   1.897.266 17ᶜ

Le rendement *immédiat, en l'état actuel*, sans tenir aucun compte de l'accroissement du trafic et du nombre de voyageurs qu'entraîne toujours la création d'un chemin de fer, serait donc, dès le premier jour, de UN MILLION HUIT CENT QUATRE-VINGT-DIX-SEPT MILLE DEUX CENT SOIXANTE-SIX FRANCS DIX-SEPT CENTIMES (1,897,266 fr. 17) ou *13,647 fr. 39* par kilomètre (produit **brut**).

FRAIS D'EXPLOITATION ET RAPPORT DE LA DÉPENSE AUX RECETTES

L'exploitation d'un chemin de fer comprend trois services distincts et entraîne les dépenses suivantes :

1° Exploitation proprement dite et amortissement du capital.
2° Service du matériel et de la traction.
3° Entretien et surveillance de la voie.

1° Exploitation et amortissement

Les frais d'administration, d'exploitation et d'amortissement sont, pour les lignes similaires à celle qui nous occupe, de 3,000 francs environ par kilomètre, chiffre qui, à coup sûr, ne serait pas dépassé et ne devrait même pas être atteint avec une bonne administration.

2° Traction

Deux trains, partant chacun des points extrêmes, assureraient très-largement le service (avec le trafic actuel, qui sert de base à nos calculs, un seul serait même suffisant) ; nous en admettons deux cependant.

La distance parcourue serait donc de :

$$139 \times 4 = 556$$

en ajoutant 1/10 pour manœuvres de gare, nous obtenons 612.

Le prix de revient d'une locomotive avec un train de 150 tonnes, 40 0/0 de poids mort et 60 0/0 de poids utile, étant de 1 fr. 20, la dépense journalière serait de :

$$612 \times 1,20 = 734,40 \times 365 \div 139 = 1,928 \text{ fr. } 46$$

(Il est superflu d'ajouter que plus le trafic augmenterait, moins lourds seraient, relativement, les frais d'exploitation.)

3° Entretien et surveillance de la voie

Les frais d'entretien (non compris les travaux de parachèvement qui doivent être imputés au capital de premier établissement) seraient de 2,000 francs environ. Si on trouvait ce chiffre faible, nous dirions, pour le justifier, que la loi de 1865, qui supprime le gardiennage des passages à niveau, permet de réduire cette dépense ; d'un autre côté, le matériel en acier que l'on emploie maintenant, réduira aussi le personnel de l'entretien de 1/5 au moins, de l'avis des hommes les plus compétents ; ces diverses économies rendent le chiffre de 2,000 francs au-delà suffisant.

Nous arrivons donc à une dépense générale kilométrique de 6,928 francs, savoir :

1° Exploitation proprement dite, direction, personnel et amortissement du capital. 3.000ᶠ
2° Entretien et surveillance de la voie 2.000
3° Traction 1.928

TOTAL. . . 6.928ᶠ

Déduisant la dépense du produit brut, nous avons 13,649 — 6,928 = 6.721.

C'est donc un produit net kilométrique de **6,721** fr. que donnerait immédiatement la ligne qui nous occupe, en admettant que le trafic et le mouvement des voyageurs *restassent stationnaires*, c'est-à-dire en ne tenant aucun compte de cette loi économique, *indéniable pourtant*, que créer des moyens de locomotion et de transport, c'est créer des voyageurs et augmenter le mouvement des marchandises.

En admettant un chiffre de 120,000 francs pour dépense de premier établissement, et ce chiffre est très-suffisant (1) en nos pays, où les terrains sont presque partout donnés gratuitement par l'État et où ceux qu'il faut payer sont obtenus presque pour rien ; où la pierre, pour les travaux de maçonnerie, le sable, le balast sont à peu près partout sur place ; où les ponts sont rares, les viaducs, les tunels, les grandes tranchées presque inconnus ; où on ne trouve dans les déblais ni roches granitiques ni basaltiques, peu de pouding, de grès et de calcaires très-durs, mais seulement des terrains argileux ou d'alluvion, des chistes, des tufs et des calcaires tendres ; eh bien, en admettant une dépense de 120,000 francs par kilomètre, pour une voie unique, le produit net étant de 6,721 francs par kilomètre, l'intérêt sera immédiatement, le premier jour, dès la mise en exploitation, de 5 fr. 60 0/0 ; mais comme le trafic doublera très-vite et triplera dans peu d'années, il aura bientôt atteint 15 à 18 0/0 du capital engagé.

____

(1) La Compagnie Sauton offre, nous l'avons dit, de faire la ligne directe pour 108,933 francs par kilomètre ; la Compagnie Dolfus (Fives-Lille), pour 125,503 fr., et la Compagnie de l'Ouest-Algérien offrait elle-même, au mois de février, il y a 8 mois, de construire le prolongement de Bel-Abbès-Tiemcen pour 121,500 fr. le kilomètre.

Depuis cette époque, et à la suite d'une entente cordiale avec le Gouvernement général, ce chiffre a été porté, il est vrai, à 195,640 fr., et ainsi augmenté de 74,140 fr. par kilomètre ; mais si cette augmentation prouve la générosité du Gouvernement général et le savoir faire du Président de l'Ouest-Algéaien, elle ne prouve pas que les évaluations des deux Compagnies Sauton et Dolfus, et l'évaluation première de la Compagnie de l'Ouest-Algérien elle-même, ne soient approximativement exactes, et que, par conséquent, le chiffre de 120,000 fr. porté par nous comme coût réel de premier établissement ne doive être adopté.

TRACÉ PAR BEL-ABBÈS

Ayant déjà traité, au point de vue économique, la ligne Tlemcen-Beni-Saf et la ligne Tlemcen-Oran par Temouchent, il nous reste à étudier, avant de conclure, le tracé par Bel-Abbès.

Par Bel-Abbès, Tlemcen est éloigné d'Oran de 166 kilomètres ; la moitié du parcours (84 kilomètres) est déjà desservie par une voie ferrée, deux tronçons appartenant à deux compagnies différentes : du Tlélat à Oran (marine), 32 kilomètres qui appartiennent à la compagnie Paris-Lyon-Méditerranée, et 52 kilomètres du Tlélat à Bel-Abbès, appartenant à la compagnie l'Ouest-Algérien.

Le projet qui nous occupe consiste dans le prolongement de la voie ferrée de Bel-Abbès à Tlemcen (82 kilomètres).

La ligne projetée ne desservirait, sur son parcours, qu'un seul centre d'une certaine importance : Lamoricière, distant de Tlemcen de 34 kilomètres. Sidi-Lhassen, Sidi-Khaled ne peuvent entrer pour beaucoup en ligne de compte ; ils sont trop rapprochés de Bel-Abbès : l'un à 13 kilomètres, l'autre à 6 kilomètres seulement.

Le trafic journalier et kilométrique de ce prolongement serait donc le trafic de Tlemcen (60 tonnes), augmenté d'une dizaine de tonnes fournies par Aïn-Fizza, Lamoricière, Tillout et les tribus environnantes, soit, en tout, 70 tonnes, ou . . . . 3.066ᶠ » par kilomètre

Le mouvement des voyageurs serait également celui de Tlemcen, 86, augmenté à grand peine de 20 pour le parcours, soit 106, ou . . . . 2.553 54 —

Le transport du bétail ou autres produits non spécifiés (finances, articles de messageries, objets d'art, etc., etc.) resterait certainement au-dessous de . . . . 1.000 » —

Nous arrivons ainsi à . . . . 6.619ᶠ54 comme produit brut kilométrique.

On voit que les frais d'exploitation ne seraient même pas couverts et que la garantie d'intérêts resterait entière à la charge de l'État.

Nous ajouterons que, d'après les évaluations de M. l'Inspecteur général des ponts et chaussées, le produit kilométrique de la ligne entre Bel-Abbès et Tlemcen ne devrait guère dépasser 4,000 francs. (Rapport de M. Richemond, ingénieur en chef de l'Ouest-Algérien ; pièce du dossier soumis à la première enquête.)

Nous sommes donc très-large dans nos évaluations en le portant à 6,619 francs.

Ce qui précède étant admis (pour le rendement du capital engagé), reste à envisager la question au point de vue commercial, industriel, agricole et stratégique.

En jetant les yeux sur une carte, nous avouons que, comme symétrie, harmonie des lignes, ce tracé par Bel-Abbès, continuant le grand central, a quelque chose de séduisant ; mais ces questions devant être traitées non pas au point de vue artistique, mais au point de vue plus terre-à-terre des intérêts, on revient bientôt à une tout autre impression.

Nous allons essayer de donner quelques raisons à l'appui de notre dire.

L'importance de Tlemcen étant constatée, tout le monde est d'accord qu'il faut le relier tout à la fois à la mer, à Oran, son chef-lieu, au reste de l'Algérie par un chemin de fer.

La question ainsi posée renferme implicitement,— cela n'est pas douteux, — la solution du tracé à suivre : l'importance de Tlemcen peut, le tracé qui le reliera à Oran et à la mer étant bien choisi, suffire à l'exploitation d'une voie ferrée, elle ne peut suffire à l'exploitation de deux lignes ; l'une d'elles, celle qui offrirait quelque avantage, aurait bientôt ruiné l'autre.

Donc, être favorable à l'une, c'est être opposé à l'autre ; vouloir le prolongement de Bel-Abbès à Tlemcen, c'est sacrifier la voie par Aïn-Temouchent, dite voie directe.

Dans le principe, le service de la voirie départementale, les ponts-et-chaussées, la préfecture, le gouvernement général, tout le monde était d'accord et opposé à la voie Bel-Abbès - Tlemcen ; chacun donnait même d'excellentes raisons pour justifier cette opposition (voir les pièces jointes aux dossiers). Mais tout à coup un revirement s'opéra ; on passa du blanc au noir, justifiant ainsi le dicton que chacun change en amour.

On a donné bien des raisons pour expliquer ce revirement ; les unes sont acceptables, les autres le sont beaucoup moins ; quant à nous, nous croyons que le monde est, comme l'enfer, pavé de bonnes intentions, et nous tenons à garder la conviction que la plupart de ceux qui se trompent se trompent de bonne foi.

Voilà pourquoi la discussion, destinée à faire la lumière, nous paraît la meilleure chose du monde.

Poursuivons :

. Aïn-Temouchent et tous les villages parsemés sur la route d'Oran à cette localité doivent être desservis cependant ; ceci est si bien admis que le Conseil général de la province avait concédé à MM. Delessert, Souton et Cⁱᵉ, la ligne d'Oran à Aïn-Temouchent (1).

. Cette concession avait été acceptée aux risques et périls des concessionnaires, sans aucune garantie d'intérêts, de telle sorte qu'elle ne grèvait d'aucune charge le budget départemental, ni le budget de l'Etat ; la même délibération portait que MM. Delessert, Souton et Cⁱᵉ *auraient privilège sur tous autres pour obtenir* le prolongement d'Aïn-Temouchent à Tlemcen, et le Conseil général formulait en même temps le vœu qu'un lot de terrains à alfa fût concédé, comme indemnité et encouragement, à la Compagnie qui effectuerait ce prolongement.

La question, dépourvue de tous ambages, se pose donc ainsi : choisir entre le prolongement de Bel-Abbès à Tlemcen ou le prolongement d'Aïn-Temouchent à Tlemcen.

Le prolongement par Bel-Abbès serait, nous l'avons dit, de . . . . 82 kilomètres

Celui par Aïn-Temouchent, de 70   —

Différence en moins en faveur de celui par Aïn-Temouchent. . . . . 12 kilomètres

c'est-à-dire *un million et demi* de dépense en moins.

Une garantie d'intérêts serait demandée, d'après le projet, pour le prolongement par Bel-Abbès ; la dépense étant de neuf millions neuf cent soixante-trois mille francs (9,963,000 fr.) (2), la garantie d'intérêts serait de cinq cent quatre-vingt-dix-sept mille sept cent quatre-vingts francs (597,780 fr.).

Le prolongement par Aïn-Temouchent, au contraire, paraît ne devoir entraîner aucune charge, soit pour l'Etat, soit pour le département ; car, — nous l'avons démontré, — la garantie d'intérêt ne serait que nominale.

Mais cette charge de près de 600,000 francs par an n'est qu'un côté de la question ; le côté important le voici, *et c'est sur lui que nous appelons toute l'attention de nos lecteurs :*

Oran est, sans conteste, le point où aboutissent presque toutes les

---

(1) Depuis, ce traité a été annulé, comme on le verra plus loin.

(2) Ce chiffre est celui de l'évaluation première de la Compagnie l'Ouest-Algérien ; mais, on le verra plus loin, elle s'est ravisée, et elle demande aujourd'hui 16,042,480 francs, ce qui porterait l'intérêt à servir à 962,548 fr. 80.

exportations de Tlemcen et d'où partent toutes les importations pour la même localité.

Or, Oran, par Bel-Abbès, est distant de Tlemcen de. . . . , ... 166 kilomètres

Par Aïn-Temouchent, il n'est distant que de . . . 148 —

Différence en plus par Bel-Abbès . . . . 18 kilomètres

Le point capital est donc de se rendre compte des frais qui grèveraient en plus chaque tonne de marchandise par Bel-Abbès.

Nous résumons ces frais dans le tableau suivant :

La tonne coûterait, à *tarifs égaux* :

	PAR BEL-ABBÈS	PAR TEMOUCHENT	DIFFÉRENCE
1re catégorie	28'22	25'16	3'06
2e —	23 24	20 72	2 52
3e —	18 26	16 28	1 98

soit une différence moyenne de. . . . . 2'52 par tonne

Et, si nous ajoutons à cette différence déjà lourde. 0 40 —
que la compagnie l'Ouest-Algérien perçoit pour transbordement au Tlélat, et . . . . 0 75 —

pour manutention de gare, nous arrivons à. . . . . 3'67 par tonne
ou, en prenant pour base un prix moyen de 20 fr. la tonne, 18'35 %.

Quant aux voyageurs, les 18 kilomètres parcourus en plus, le temps perdu au Tlélat pour le changement de train (sans compter les ennuis qui en découlent) allongeraient leur voyage de plus d'une heure (ce qui a bien son importance) et augmenteraient leurs frais dans les proportions du tableau suivant :

	PAR BEL-ABBÈS	PAR TEMOUCHENT	DIFFÉRENCE
En 1re classe	18'59	16'57	2'02
En 2e —	13 94	12 43	1 51
En 3e —	10 22	9 11	1 11

Donc, à passer par Bel-Abbès, en prenant pour base le trafic que nous avons admis, nous arrivons aux résultats suivants :

Marchandises générales . . . . . . 70 tonnes × 3'67 = 256'90
Voyageurs. . . . . 106 × 1'55 = 164 30
Bétail et autres produits . . . . 50 = 183 50

TOTAL. . . . . . 604'70

Ce serait, d'après les calculs qui précèdent, six cent quatre francs soixante-dix centimes (604 fr. 70) que nous aurions à dépenser en plus, journellement, par la ligne de Bel-Abbès que par celle d'Aïn-Temouchent. Nous ne faisons, du reste, aucune difficulté de reconnaître que ce chiffre de six cents francs par jour (600 fr.), doit être un peu abaissé, parce qu'il y a plus de marchandises de 3° catégorie que des deux autres et aussi plus de voyageurs de 3° classe que des deux autres ; mais il n'en resterait pas moins au-dessus de *cinq cent cinquante francs*, en prenant pour base un trafic de 1,100,000 fr. pour cette ligne, au lieu de 1,900,000 fr. pour la ligne directe.

Mais tous les calculs que nous venons de faire reposent sur des tarifs uniformes à ceux du Grand-Central (Oran-Alger), tandis que l'Ouest-Algérien nous en impose de *très-supérieurs*.

Nous devons donc, pour être dans le vrai, calculer d'après les tarifs que nous *subirions réellement*, et que nous *subissons déjà en partie*, pour le tronçon du Tlélat à Bel-Abbès.

Ces calculs les voici :

COUT DE LA TONNE

	PAR BEL-ABBÈS	PAR TEMOUCHENT	DIFFÉRENCE
1ʳᵉ catégorie	35ᶠ84	25ᶠ16	10ᶠ68
2° —	29 72	20 72	9 »
3° —	20 94	16 28	4 66

soit une différence moyenne de. . . . . 8ᶠ11 par tonne

Et en ajoutant à cette différence : transbordement . 0 40 —

chargement ou déchargement . . . . 0 75 —

nous avons . . . . 9ᶠ26 par tonne

ou 46 fr. 30 %, soit 1,387 fr. par jour (1).

---

(1) Ces résultats sont si incroyables que nous tenons à donner ici nos calculs dans leur détail pour que chacun puisse les vérifier.

Nous avons sous les yeux les tarifs de l'Ouest-Algérien, Tlélat-Bel-Abbès (mai 1877), et le cahier des charges du prolongement Bel-Abbès-Tlemcen.

Les taxes se décomposent en :

1ʳᵒ CATÉGORIE

Oran au Tlélat,	32 kilomètres à 0ᶠʳ18 par tonne et par kilomètre			5ᶠʳ76
Tlélat à Bel-Abbès,	52 —	0 20	—	18 40
Bel-Abbès à Tlemcen,	82 —	0 24	—	19 68
				35ᶠʳ84

Le projet Oran-Tlemcen par Bel-Abbès grèverait donc Oran et Tlemcen de frais de transports très-lourds, énormes, comparés à ceux que nous aurions à payer par la ligne directe, sans compter le temps perdu, et, — on l'a dit avec raison, — le temps c'est de l'argent.

Qu'arriverait-il alors?

Il arriverait que, cette charge (les tarifs fussent-ils uniformes à ceux du grand-central) étant intolérable, le prolongement par Aïn-Temouchent s'imposerait et se ferait indubitablement dans un délai très-court, et alors, — ceci peut-il faire l'ombre d'un doute, — tout le trafic déserterait la ligne de Tlemcen par Bel-Abbès et se porterait sur celle par Temouchent, de telle sorte que la première ne couvrirait même plus ses frais d'exploitation et resterait, à perpétuité, une sangsue pour le budget algérien.

Mais cette ligne de Bel-Abbès à Tlemcen offre-t-elle quelques compensations aux charges qu'elle imposerait à l'Etat, qu'elle imposerait au commerce, à l'agriculture, c'est-à-dire à la fortune publique?

Nous avons beau chercher, nous ne trouvons pas!

Au point de vue de la colonisation et de la mise en exploitation du sol, elle ne touche qu'à Lamoricière comme centre de quelque importance, et encore en passe-t-elle à une certaine distance; pendant quarante-six kilomètres (46) sur quatre-vingt-deux (82), elle traverse un sol tantôt sablonneux, tantôt argileux, *sans pierre, sans eau et sans bois*, dit l'exposé du projet lui-même, et, par conséquent, bien peu propre à toute culture. Il n'y a donc, de ce côté, aucune compensation.

On invoque bien, paraît-il, quelques raisons de stratégie, mais on y insiste si peu, qu'elles ne paraissent pas bien concluantes.

Pour nous, nous n'avons, certes, aucune prétention à nous poser en

---

2e CATÉGORIE

Oran au Tlélat,	32 kilomètres à 0^{fr} 14 par tonne et par kilomètre			4^{fr} 48
Tlélat à Bel-Abbès,	52	—	0 17 —	3 84
Bel-Abbès à Tlemcen, 82		—	0 20 —	16 40
				29^{fr} 72

3e CATÉGORIE

Oran au Tlélat,	32 kilomètres à 0^{fr} 11 par tonne et par kilomètre			3^{fr} 52
Tlélat à Bel-Abbès,	52	—	0 13 —	6 76
Bel-Abbès à Tlemceu, 82		—	0 13 —	10 66
				20^{fr} 94

stratégiste ; mais les faits sont, ici, d'une telle simplicité et d'une telle
évidence que, si raisons stratégiques il y a, elles nous paraissent mi-
liter plutôt en faveur de la ligne directe qu'en faveur de celle par Bel-
Abbès.

En effet :

Le danger nous menacera par terre ou par mer (ceci est une vérité
à la La Palice). On avouera bien avec nous que, par terre, le danger
est peu redoutable ; mais enfin, s'il nous menace par terre, nos communications par mer étant libres ou non, nous voyons plutôt avantage
qu'inconvénient à ce que Tlemcen soit plus rapproché d'Oran, son
point naturel de ravitaillement et d'où il peut recevoir des renforts ou
en envoyer. Donc, de ce côté, l'avantage est à la ligne directe.

Que, si nous avions à soutenir une attaque par mer et à redouter un
débarquement, l'avantage est encore à la ligne directe, comme étant
la plus courte et surtout la plus sûre. Si Oran peut résister dans une
certaine mesure, les forces qui seraient à Tlemcen nous arriveraient
promptement et directement, sans crainte que nos communications
fussent coupées, car la ligne par Aïn-Temouchent est plus protégée
par sa position topographique que celle de Relizane au Tlélat ; il suffirait, en effet, de couper cette dernière entre l'Hillil et le Tlélat et
entre le Tlélat et Valmy, pour que Tlemcen et Oran ne pussent ni être
secourus par Alger, ni se secourir entre eux.

Pour qu'une ligne centrale fût réellement à l'abri d'un coup de
main par un débarquement, il faudrait qu'elle fût distante des côtes
par des espaces autrement considérables que ceux qui séparent du
littoral la partie de la ligne entre Relizane et Oran.

Nous concluons donc que, *dans l'intérêt multiple du trésor, de la
colonisation, du commerce, d'Oran, de Tlemcen, de la défense, le prolongement par Bel-Abbès - Tlemcen doit être abandonné* et que la
ligne d'intérêt général doit passer par Oran, pour, de là, aller à Tlemcen, *par Aïn-Temouchent,* et se prolonger ensuite jusqu'à la frontière
du Maroc.

De ce qui précède, il résulte encore qu'il ne faut pas deux lignes
pour desservir Tlemcen, que l'une serait la ruine de l'autre, et les
deux ensemble un obstacle insurmontable à l'abaissement des tarifs
et, comme conséquence, au développement complet auquel la fortune
publique a le droit de prétendre.

Il résulte, enfin, de notre argumentation et de nos chiffres à l'appui,
que le projet de Beni-Saf - Tlemcen est la plus malheureuse des con-
ceptions ; qu'il porterait, s'il pouvait aboutir, le coup le plus grave au

commerce d'Oran et partant à la prospérité de notre ville, dont ceux qui l'ont conçu et voté paraissent n'avoir eu aucun souci.

La question qui nous occupe étant d'intérêt public, nous nous sommes interdit toutes personnalités qui, par incidence, auraient pu distraire de la question principale.

Nos lecteurs, nos concitoyens oranais surtout, n'ont pas besoin, d'ailleurs, qu'on leur fasse toucher du doigt la part de responsabilité qui incombe à chacun dans la conception et le vote de ce déplorable et fatal projet de Beni-Saf ; leur sagacité suppléera à la réserve que nous nous sommes imposée, réserve dont il ne nous convient pas de sortir...... quant à présent.....

Nous avons exposé simplement, sincèrement, franchement, sans passion, sans parti pris, ce que nous croyons être la vérité, ce que nous croyons conforme aux saines notions économiques ; nous n'avons aucune prétention à l'infaillibilité ; nous ne sommes qu'un simple colon, sincèrement dévoué et attaché à l'Algérie. Si, dans la question des nouveaux impôts projetés, si, dans celle des chemins de fer algériens, et plus particulièrement de ceux de notre province, nous nous sommes trompé, qu'on nous le prouve, nous ne demandons pas mieux que de nous rendre à l'évidence ; mais, si nous sommes dans le vrai, au moins en grande partie, que nos concitoyens prennent en main leur propre cause, et certainement l'Administration supérieure, qui doit, avant tout, prouver qu'elle s'inspire de l'opinion et du bien publics, fera faire de nouvelles études et modifiera ses projets, dans ce qu'ils peuvent avoir de défectueux.

Et, maintenant que nous avons parlé de ce qui est, nous demandons la permission de dire un mot, avant de finir, de ce qui sera, du développement de trafic qui sera la conséquence forcée, inévitable, de nos voies ferrées.

Il est un fait constant, passé à l'état d'axiome, tant il est indiscutable, c'est que créer des moyens de locomotion, c'est créer des voyageurs et augmenter considérablement le mouvement des marchandises.

Si ce fait est vrai, dans des conditions de viabilité avancée, avec de bonnes routes, des canaux, un roulage et un outillage nombreux, bien organisés, que sera-ce dans un pays où les routes sont détestables et qui est absolument privé de cours d'eau assez importants pour servir de voies de communication ; où les transports sont si chers, que l'industrie n'a pu songer, jusqu'ici, à s'installer nulle part ; où une foule de richesses naturelles restent inexploitées, improductives ; où l'on ne produit, même en fait de céréales, par exemple, (une richesse partout ailleurs) que ce qui est nécessaire à la consommation locale, l'exportation en étant difficile et peu rémunératrice pour les points extrêmes de l'intérieur, tels que Sebdou, Daya, Saïda, Frenda, Tiaret.

Des millions de tonnes d'alfa pourrissent sur nos hauts plateaux ; des bois, que nous faisons venir à grands frais d'Europe, restent inexploités dans nos forêts ; le minerai reste enfoui dans le sein d'une terre qui en regorge ; les forces hydrauliques qui s'offrent à chaque pas, sollicitant l'industrie, qui aurait sous la main toutes les matières premières et à sa portée tous les débouchés, restent inutilisées ; des milliers d'hectares d'excellentes terres sont en friche, — et tout cela faute de moyens de transport faciles et à bon marché.

Que des lignes s'établissent entre nos ports et l'intérieur du pays, et l'exploitation des céréales fera plus que doubler, et celle de l'alfa décuplera.

Les minerais, si peu exportés aujourd'hui, afflueront dans nos ports.

Ce que nous disons pour les céréales, les alfas, les minerais, s'applique également aux bois, aux écorces, aux marbres et, dans une proportion moindre sans doute, mais très-importante encore, à toutes espèces de produits.

Faisons donc des chemins de fer, faisons-en beaucoup, mais commençons par les plus utiles, par ceux qui doivent être les plus productifs, et ne gaspillons pas nos ressources à en faire qui se contrarient, se nuisent mutuellement et ne répondent à aucun besoin, à aucun intérêt sérieux.

---

8 septembre 1878.

Depuis que nous avons écrit ce qui précède, la situation s'est sensiblement modifiée.

D'un côté (première conséquence de l'incroyable projet Tlemcen-Beni-Saf), la compagnie Santon, Delessert et Guntzberger, qui avait demandé et obtenu du département la concession de la ligne d'Oran-Aïn-Temouchent, sans exiger la moindre garantie d'intérêts, voyant la perturbation que l'exécution de ce projet apporterait dans les rapports commerciaux que cette ligne était appelée à servir, a demandé et obtenu du Conseil général la résiliation pure et simple de son traité (séance du 17 avril 1878).

Voilà la première conséquence de la seule mise au jour de ce projet

Tlemcen-Beni-Saf : une ligne de 77 kilomètres acceptée sans garantie d'intérêt aucun est abandonnée ; les concessionnaires, justement alarmés, demandent et obtiennent, comme c'était justice, la résiliation de leur traité.

D'un autre côté, le Conseil général, dans sa séance du 16 avril, sur le rapport d'une Commission nommée *ad hoc*, et à la suite d'une étude et d'une discussion approfondies, a repoussé, à l'unanimité moins deux voix (1), le prolongement Bel-Abbès-Tlemcen comme ligne d'intérêt général, et s'est prononcé pour que cette ligne passe par Oran-Aïn-Temouchent-Tlemcen.

D'un autre côté encore, la compagnie de l'Ouest-Algérien, qui, seule, pousse avec ardeur au prolongement Bel-Abbès-Tlemcen, dont elle sollicite la concession, prolongement profitable à ses intérêts, mais profondément nuisible à tous autres (nous l'avons déjà démontré, et nous espérons le démontrer d'une façon plus péremptoire encore), la compagnie de l'Ouest-Algérien, disons-nous, a élevé ses prétentions (comme chiffre sur lequel devrait porter la garantie d'intérêt qu'elle exige) de 10 millions à *16 millions*, rien que cela ! et ce, *sans avoir rien changé à son projet primitif, sans avoir, en quoi que ce soit, modifié ses plans.*

Nous venons de le dire, mais il est bon d'y insister : primitivement, elle offrait de construire la ligne pour 9,963,000 fr. ; aujourd'hui, elle demande 16,042,480 fr.

C'est à la suite de ces faits qu'a été ouverte la nouvelle enquête à laquelle nous apportons les dires qu'on lira plus loin, et sur lesquels nous nous permettons d'appeler toute l'attention de nos lecteurs.

RÉPONSE

A LA *NOUVELLE* ENQUÊTE RELATIVE AU CHEMIN DE FER DE BEL-ABBÈS
COMME LIGNE D'INTÉRÊT GÉNÉRAL

Oran, 8 septembre 1878.

Il y a quelques mois, nous avons apporté nos humbles dires à une première enquête ; une commission *ad hoc*, instituée par M. le Préfet,

---

(1) La déclaration de M. Fauqueux, l'un des deux membres qui se sont abstenus, porte en substance : « J'ai toujours été et je suis encore partisan convaincu de la ligne directe, tout le monde le sait, je n'ai pas besoin de le rappeler ici ; dans ma conviction, c'est celle qui peut le mieux contribuer à la prospérité du pays ; mais ayant, *en désespoir de cause*, acquiescé, l'année dernière, aux projets portés devant le Conseil supérieur, quoique moins satisfaisants, je crois devoir m'abstenir aujourd'hui. »

a fonctionné et fait son rapport ; nous devons supposer que cette affaire a suivi, jusqu'à bout, la voie hiérarchique ordinaire.

Aussi y aurait-il quelque peu à s'étonner de voir revenir la question, si tout n'était anormal dans ce malheureux projet.

Cette nouvelle enquête prouve, évidemment, que l'administration hésite, qu'elle sent le terrain manquer sous ses pas, qu'elle entrevoit, enfin, qu'elle allait s'engager dans une voie fatale et encourir ainsi une bien grave responsabilité.

Oui, nous ne craignons pas de le dire, et nous espérons le prouver d'une façon péremptoire, ce serait une œuvre fatale que le chemin de fer de Bel-Abbès à Tlemcen, *à l'exclusion de la ligne directe*, pour mettre Tlemcen en communication avec la mer, lui ouvrir des débouchés, favoriser son agriculture, son industrie, son commerce, ses rapports avec Oran, son chef-lieu, et avec la Métropole ; ce serait une œuvre fatale pour Tlemcen, pour Oran, pour Bel-Abbès elle-même ; pour notre province tout entière, dont elle compromettrait gravement les intérêts ; pour l'Algérie, qu'elle discréditerait ; pour la colonisation, qu'elle enrayerait et découragerait ; pour le Trésor, dont elle gaspillerait les ressources ; pour le présent, qu'elle frusterait ; pour l'avenir, qu'elle grèverait inutilement d'une très-lourde charge *(un million annuel)*; pour l'administration, enfin, dont elle ruinerait la considération et le prestige.

Une pareille conception heurte à un si haut degré de si graves et de si nombreux intérêts, elle est si en opposition avec les plus élémentaires, les plus simples notions économiques, qu'on se demande vraiment comment elle n'est pas morte à peine née, et comment elle a pu trouver d'autres partisans que des étrangers, des spéculateurs naturellement plus soucieux du soin de leur fortune que des intérêts de notre province, de l'Algérie, de la colonisation et du Trésor français.

Nous demandons la permission de prendre le projet corps à corps, de le discuter dans son ensemble et dans ses détails, de le mettre à nu ; la Commission d'enquête, et surtout l'opinion publique que nous entendons saisir, jugeront ensuite.

Et, d'abord, rappelons que ce projet a contre lui le vote unanime de notre Conseil général, qui s'est prononcé pour la ligne directe d'Oran à Tlemcen par *Aïn-Temouchent*.

Sans entrer dans les détails des considérants énoncés par nos conseillers généraux pour justifier leur vote, nous avons bien le droit d'invoquer une décision prise ainsi par notre première Assemblée départementale, par une Assemblée issue du suffrage universel et qui renferme dans son sein les hommes les plus distingués de notre département.

Nous ne voulons pourtant pas insister d'avantage sur ce vote, qui pourrait être invoqué, cependant, comme une raison péremptoire ; nous allons nous contenter d'en appeler aux chiffres ; l'arithmétique a des arguments qui s'imposent : deux et deux font quatre pour tout le monde.

C'est donc surtout sur le terrain des chiffres que nous appelons les partisans de la ligne par Bel-Abbès, s'il peut s'en trouver encore qui soient de bonne foi.

On nous concèdera bien (là-dessus il n'y a pas de contradiction possible) que si le trafic de Tlemcen est assez important pour alimenter une ligne qui mettra cette ville en communication avec la mer, avec Oran, avec le restant de l'Algérie, ce trafic ne pourra jamais, ou de bien longtemps au moins, alimenter deux lignes ; donc, ceci n'est point contestable, les deux chemins, celui de Bel-Abbès-Tlemcen et celui d'Aïn-Temouchent-Tlemcen, s'excluent. Or, s'ils s'excluent, les plus simples notions de sens commun veulent que l'on opte pour celui des deux qui peut donner, à tous égards, les meilleurs résultats.

Eh bien, voyons un peu. — Par Bel-Abbès, Tlemcen est distant d'Oran, son port de mer, de 166 kilomètres ; par Aïn-Temouchent, il n'en est distant que de 148, — *différence en moins, par Aïn-Temouchent : 18 kilomètres.* — 18 kilomètres à parcourir en moins, c'est déjà quelque chose ; cela représente ici le *huitième* environ du chemin, ou une économie de frais de transport, pour les marchandises et les voyageurs, de 12 fr. 50 pour cent. Il nous semble que cela en vaut la peine, sans compter le temps perdu pour les voyageurs qui resteraient une grosse heure de plus en route, en tenant compte du changement de train au Tlélat.

Mais ce n'est pas seulement de 12 fr. 50 pour cent que tous nos transports seraient grevés en plus, il faut encore ajouter les frais de chargement, de déchargement et de transbordement au Tlélat ; opération qui frappe les marchandises de 1 fr. 15 par tonne, sans compter les avaries et les déchets inhérents à toute manutention, sans compter encore la surélévation des tarifs que la compagnie de l'Ouest-Algérien nous a imposée et qu'elle aggrave pour le prolongement projeté. Or, voici ce que représente, pour cent, ce 1 fr. 15 par tonne ; le calcul en est bien facile : la tonne coûtant, en moyenne, environ 20 fr., il s'ensuit que cinq tonnes coûteront cinq fois 1 fr. 15 ou 5 fr. 75 ; il faut donc ajouter 5 fr. 75 aux 12 fr. 50 °/₀ déjà relevés, ce qui fait que nos marchandises, passant par Bel-Abbès pour aller à Tlemcen ou en venir, nous coûteraient 18 fr. 25 pour cent de plus que par la ligne directe. Mais il faut renouveler encore ici la remarque que nous avons déjà faite (page 40), car elle est très-importante, à savoir que nous prenons pour base de nos calculs des tarifs *uniformes* et *normaux* (ceux du grand central, Alger à Oran), tandis que l'Ouest-Algérien nous en impose de *spéciaux* et *beaucoup plus élevés,* et qui nous ramènent, non plus à une différence de 18 fr. 25 pour cent, mais bien à une différence de *46 fr.* pour cent.

Si ces chiffres sont sujets à contradiction, qu'on nous contredise! s'ils ne le sont pas, qu'on en tienne compte!

Mais, nous dira-t-on, la ligne par Bel-Abbès est déjà construite jusqu'à Bel-Abbès; il ne reste plus que 82 kilomètres à faire, tandis que, par Aïn-Temouchent, il n'y a pas un coup de pioche de donné, et il faudra construire 148 kilomètres au lieu de 82; — 70 kilomètres en plus, n'est-ce donc rien?

L'argument peut paraître spécieux à qui se paie de mots; pour nous, il ne nous touche guère, et nous allons essayer de le réduire à sa juste valeur. Pour cela, nous avons *trois* raisons à invoquer; chacune d'elle, isolément, serait concluante; à fortiori, le seront-elles toutes les trois ensemble?

1° La ligne d'Oran à Aïn-Temouchent s'impose, car elle est appelée a desservir un des centres les plus importants de notre département, et tous les villages qui sont échelonnés sur cette route : Misserghin, Brédéah, Bou-Tlélis, Lourmel, Er-Raël, la M'léta, le Rio-Salado, Chabat-el-Leham, etc., le territoire de notre province le plus propre à la colonisation, une contrée salubre, bordée pour ainsi dire par la mer, qui n'en est partout qu'à une faible distance; un massif minier le plus riche de l'ouest, un territoire où la colonisation est installée depuis de longues années et où elle a fait ses preuves.

Qu'on prolonge ou non cette ligne jusqu'à Tlemcen, il faudra toujours aller à Aïn-Temouchent. Cela est si vrai, et la compagnie de l'Ouest-Algérien l'avait si bien senti, qu'elle offrait, primitivement, de faire, simultanément, un chemin d'Oran à Aïn-Temouchent et le prolongement de Bel-Abbès à Tlemcen. Il faudra donc toujours, dans tous les cas, aller à Aïn-Temouchent; c'est une obligation à laquelle le département ou l'Etat ne peuvent se soustraire, une nécessité économique qui étreint et à laquelle on ne peut pas échapper.

Il ne faut donc point mettre en parallèle 148 kilomètres contre 82, mais seulement le prolongement d'Aïn-Témouchent à Tlemcen, ce qui retourne la question et donne 70 contre 82, soit 12 kilomètres en moins en faveur de la ligne directe, mais en fut-il autrement, cette première raison n'exista-t-elle point en faveur de la ligne directe ? Il en est une seconde qui serait suffisante, et cette seconde la voici :

La concession est demandée et sera faite pour 99 ans. Pendant 99 années, Tlemcen et Oran seraient donc tributaires (nous venons de le prouver) de 18 fr. 25 % de plus que de raison sur leurs transports avec les tarifs P.-L.-M., mais de 46 fr. % avec les tarifs de l'Ouest-Algérien. En admettant que ces transports s'élèvent à 1,100,000 fr. pour cette ligne, au lieu de 1,900,000 fr. pour la ligne directe, cela nous fait, par an, dans le premier cas, 200,000 fr., et 500,000 fr. dans le second, ou, en 40 ou en 20 ans, en tenant compte des intérêts capitalisés, *de quoi payer au-delà la construction de la ligne tout entière.*

La troisième raison, colle qui étonnera, qui frappera le plus, peut-être, c'est que la compagnie de l'Ouest-Algérien, qui sollicite cette concession, demande à l'Etat, pour construire les 82 kilomètres de Bel-Abbès à Tlemcen, une garantie d'intérêt de 6 % portant sur la modeste somme de *16,042,480 fr.* Vous avez bien lu ? *seize millions quarante-deux mille quatre cent quatre-vingts francs,* soit 195,000 fr. par kilomètre, tandis que deux compagnies offrent de construire toute la ligne d'Oran à Tlemcen, l'une, la compagnie Fives-Lille, pour 18,700,000 fr., l'autre, la compagnie Sauten et Guntzberger, pour 14,923,846 fr., et peut-être s'en trouverait-il qui réduiraient encore ce chiflre. Ainsi donc, pour moins que le prix des 82 kilomètres de prolongement de Bel-Abbès à Tlemcen, on peut avoir la ligne directe *toute entière, les 148 kilomètres !* L'hésitation est-elle possible ?

Il est à remarquer, et cette remarque en vaut la peine, que dans les évaluations soumises à la première enquête, la compagnie de l'Ouest-Algérien, qui demande, aujourd'hui, 16,042,480 fr., ne demandait d'abord que 9,963,000 fr. ou 121,500 fr. par kilomètre ; le chiffre s'est élevé tout d'un coup, en un tour de main, de 6,079,480 fr. (six millions) ou 74,140 fr. par kilomètre. (1)

On voit que cette Compagnie n'y va pas de main morte ; mais il fallait bien mettre d'accord les frais d'établissement de cette ligne avec ceux du tronçon du Tlélat à Bel-Abbès, qui, de 7,000,000 (sept millions), se sont également élevés, tout à coup, à 10,496,700 fr. 55 (dix

---

(1) Voir la note de la page 36,

millions et demi), lorsque les mêmes comptes fournis par M. l'ingénieur Petit, chef de la voirie départementale, s'élèvent seulement à 4,830,150 fr.) moins de cinq millions).

L'écart, on le voit, entre le compte de la Compagnie, dans lequel compte la Commission du Conseil général instituée pour le vérifier n'a pu se reconnaître, et les comptes parfaitement clairs et parfaitement justifiés de l'ingénieur chef de la voirie départementale, l'écart, on le voit, est de plus de moitié (5,666,551 fr. 55). Une bagatelle ! (1)

Mais passons sur tous les raisonnements que nous avons faits jusqu'ici et sur tous les chiffres que nous avons donnés, quelque éloquents que soient ces chiffres. Les raisons pour l'abandon du projet de prolongement de Bel-Abbès à Tlemcen sont si nombreuses que nous n'avons que l'embarras du choix ; nous pouvons abandonner les meilleures, les plus concluantes, il nous en restera toujours assez.

Ainsi, prenons les chiffres qui nous sont fournis par l'exposé des motifs de la compagnie de l'Ouest-Algérien elle-même, on nous dit :

« Le trafic annuel de Tlemcen à Aïn-Temouchent est de 30,000 tonnes » (trente mille) ; celui de Tlemcen à Bel-Abbès est de 10,000 tonnes » (dix mille), » et on conclut qu'il faut faire le chemin de fer sur la ligne qui produit les 10,000 tonnes à l'exclusion de celle qui produit les 30,000 tonnes !

Comment trouvez-vous cette logique ?

Mais ce n'est pas tout !

Abordant les intérêts de la colonisation future, du développement de la colonisation existante, on nous dit encore : Sur les 82 kilomètres qui séparent Bel-Abbès de Tlemcen, 45 sont sans bois, sans pierres, sans eau (premier rapport de M. Richemond, ingénieur en chef de la Compagnie).

Voilà-t-il pas un beau pays à coloniser, un pays sans pierres, sans bois, sans eau !

Passons à un autre ordre d'idées, et examinons, maintenant, quels intérêts sont appelés à servir la ligne Bel-Abbès-Tlemcen et la ligne Oran-Aïn-Temouchent-Tlemcen.

Pour cela, mettons en regard les centres, l'étendue et la population des territoires desservis par l'une et l'autre ligne, on en déduira facilement l'importance et l'utilité de l'une et de l'autre :

---

(1) Voir l'extrait du rapport de M. Roubière, vice-président du Conseil général, page 80, et les observations de M. le sénateur Pomel, page 82.

TABLEAU résumant l'importance des territoires desservis par les deux tracés, au point de vue de l'organisation administrative, de l'étendue et de la population

CIRCONSCRIPTIONS COMMUNALES

Bel-Abbès-Tlemcen desservira (1) :		Oran–Aïn-Temouchent-Tlemcen desservira :		DIFFÉRENCE en faveur d'Aïn-Temouchent:
Communes mixtes ou de plein exercice	6	Communes mixtes ou de plein exercice	9	3
Villages, hameaux ou douars-communes.	17	Villages, hameaux ou douars-communes.	34	17

ÉTENDUE TERRITORIALE

Territoire de colonisation	36.461ʰ16ᵃ44ᶜ	Territoire de colonisation	80 231ʰ04ᵃ35ᶜ	43.769ʰ12ᵃ19ᶜ
Territoire arabe.	142.575 » »	Territoire arabe.	285.519 » »	142.944 » »
TOTAL. . .	179.036ʰ16ᵃ44ᶜ	TOTAL. . .	365.750ʰ04ᵃ35ᶜ	186.713ʰ19ᵃ19ᶜ

POPULATION

Française.	9.433	Française	26.173	17.140
Étrangère	6.985	Étrangère	23 004	16.016
Indigène	24.905	Indigène.	51.112	31.208
TOTAL. . .	41.323	TOTAL. . .	100.287	63.365

(1) Nous copions ici le tableau dressé par la Compagnie de l'Ouest algérien elle-même et joint à son exposé, comme pièce justificative ; ce tableau porte le nº 1 des pièces formant le dossier soumis à l'enquête. (Enquête ouverte du 10 août au 10 septembre 1878). (Une fraîche date.) Nous négligeons des deux côtés les populations et les territoires qui ne pourraient figurer que pour mémoire et qui sont les mêmes pour les deux lignes, tels que : cercles de Nemours, de Marnia, de Zebdou, etc.

Ces chiffres sont-ils assez concluants ?

On fait miroiter aussi, comme une bonne raison, que le département a avantage au prolongement de Bel-Abbès-Tlemcen, parce que, le trafic augmentant de ce fait sur les 52 kilomètres du Tlélat à Bel-Abbès, il n'aurait plus à payer de garantie d'intérêts.

Cette raison est encore un leurre, elle n'existe pas ; car, dès aujourd'hui, ce tronçon fait ses frais et couvre, à bien peu près, les intérêts garantis. Dès cette année, très-probablement, et, à coup sûr, les années suivantes, cette garantie deviendra sans objet.

En effet, si nous prenons pour base les recettes des six derniers mois, nous atteignons un chiffre brut de près de 18,000 fr. par kilomètre ; or, en admettant une dépense de 60 °/. des recettes, ce qui est exagéré, car sur la ligne Paris-Lyon-Méditerranée, le rapport moyen de la dépense aux recettes n'est que de 37,50 °/., et sur la ligne de Philippeville à Constantine, où la traction est plus difficile, ce rapport a été, d'après le dernier compte-rendu, que nous avons sous la main (1874), de 54,33 °/°. Eh bien, en admettant un rapport de 60 °/. des dépenses aux recettes sur la ligne du Tlélat à Bel-Abbès, la garantie d'intérêts est couverte dès aujourd'hui.

L'exposé des motifs fait encore sonner bien haut une prétendue économie pour l'Etat, égale au produit net que la Compagnie Paris-Lyon-Méditerranée retirerait du trafic effectué sur les 32 kilomètres du Tlélat à Oran ; mais on ne dit pas que cette économie serait noyée dans les pertes trois ou quatre fois plus grosses, résultant de l'exploitation des 82 kilomètres du Tlélat à Bel-Abbès.

Ainsi tout est erreur, tout est piége et mensonge dans la façon dont ce fatal projet est présenté, et son exécution, ruineuse pour les intérêts vitaux de notre province, gréverait le budget d'une charge annuelle, pendant 99 ans, de près d'un million par an (962,548 fr.) ; car, nous l'avons dit, et les faits confirmeraient bientôt notre dire, la ligne directe se ferait, bon gré, mal gré, par la force des choses, avec ou sans garantie d'intérêts, et, alors, il arriverait fatalement que, marchandises et voyageurs désertant la ligne par Bel-Abbès, celle-ci ne couvrirait même plus ses frais d'exploitation et serait forcément abandonnée ; l'Etat n'en aurait pas moins à payer *un million* par an ; en échange, il aurait de vieille ferraille.

Voilà les beaux résultats que nous préparerait l'adoption de ce tracé par Bel-Abbès comme ligne d'intérêt général.

Ce n'est pas tout encore : nous avons dit que l'exécution de ce projet serait, dans tous les cas, fatale à Bel-Abbès, et nous allons le prouver :

En l'état actuel, Bel-Abbès est tête de ligne ; tous les produits de la région qui l'entoure aboutissent à elle ; ils s'entreposent, se manutentionnent chez ses négociants et donnent du travail à de nombreux ouvriers ; ils attirent, dans ses murs, des vendeurs et des acheteurs. En serait-il ainsi le jour où elle cesserait d'être tête de ligne ? ne perdrait-elle pas tout le trafic dont elle bénéficie aujourd'hui ?

La Compagnie de l'Ouest-Algérien n'en fait pas mystère ; il y a vraiment, dans son exposé, des naïvetés charmantes ; c'est ainsi qu'on y lit, nous copions :

« *Lamoricière, sur les bords de l'Iser, est un village admirable-* » *ment situé au point de vue commercial,* ET IL DOIT SERVIR DE » DÉBOUCHÉ AUX PRODUITS DES HAUTS PLATEAUX, EN AVANT DE SEB- » DOU..... C'EST, EN EFFET, PAR LAMORICIÈRE QUE S'ÉCOULERONT NON- » SEULEMENT LES ALFAS DU MASSIF MONTAGNEUX QUI EST SITUÉ SUR LA » RIVE DROITE DE L'ISER, MAIS AUSSI TOUS LES ALFAS DE SEBDOU. »

Ainsi, tous ces produits qui s'écoulent, maintenant, par Bel-Abbès et Tlemcen, qui s'entreposent partie dans l'une, partie dans l'autre de ces deux villes, leur échapperaient ; ils iraient à Lamoricière, et voilà Bel-Abbès et Tlemcen frustrés du même coup de leur commerce avec Sebdou et toute la région dont parle l'exposé que nous venons de citer.

Donc, pour Bel-Abbès, perte certaine ; — qu'on nous dise où sera la compensation ?

Est-ce tout, enfin ? pas encore !

On invoque un prétendu intérêt stratégique ; cet intérêt, nous l'avons combattu ailleurs (page 42), nous n'y reviendrons pas ; nous nous contenterons d'invoquer, à notre tour, une autorité qu'on ne récusera pas : c'est celle du Colonel du génie qui commande notre province.

Voici ce qu'il a dit, au sein de la Commission du Conseil général chargée d'étudier la question et de faire un rapport (séance du 15 avril 1878 (une toute fraîche date comme on voit).

Nous copions :

« M. le Colonel, questionné sur l'opinion qu'il croit devoir défendre, » *comme représentant de l'autorité militaire,* déclare que l'admi- » nistration militaire n'a pas d'intérêt de premier ordre à faire passer » la ligne qui doit lui permettre de porter des moyens de défense à » Sebdou *plutôt par Bel-Abbès que par Aïn-Temouchent.* Elle a pu » voir, un moment, un avantage au tracé par Bel-Abbès, parce que la » ligne était faite jusqu'à cette ville ; mais lorsqu'elle sera exécutée » jusqu'à Aïn-Temouchent, elle n'aura aucune préférence à mani- » fester.

» Ce que l'administration militaire désire avant tout, ce sont des
» communications ferrées pouvant conduire des troupes *du centre de*
» *la province, c'est-à-dire d'Oran, qui est et restera la base militaire*
» *de toutes les opérations à entreprendre dans la région de l'Ouest*
» *et du Sud, c'est-à-dire à Sebdou et à Maghrnia, en passant par*
» *Tlemcen.* »

Est-ce assez clair?... Et que deviennent, maintenant, les raisons
stratégiques invoquées avec tant de fracas? On le voit, par Aïn-Temouchent, nos troupes, dans un mouvement de concentration, auront
24 kilomètres de moins à faire, et, point capital, les transports se
feront sans aucun transbordement sur une ligne bien moins exposée
que l'autre à un coup de main.

Que reste-t-il en faveur du projet par Bel-Abbès? qu'on nous le dise.

A toutes les raisons si multiples que nous venons d'énumérer, vient
encore s'en ajouter une dernière qui a bien son importance, et dont,
de l'avis de M. le général Chanzy, gouverneur général civil, *il est
juste de tenir compte.*

(Séance du Conseil supérieur du 4 décembre 1877).

« Il importe évidemment, dit M. Chanzy, de déterminer le réseau
» des chemins de fer algériens, *de façon à sauvegarder les intérêts*
» *qui existent déjà* dans le pays, et au développement desquels l'admi-
» nistration et la population ont consacré, depuis 30 ans, tous leurs
» efforts. »

N'est-ce pourtant pas le contraire que l'on ferait en sacrifiant la
ligne directe, par Aïn-Temouchent, au prolongement par Bel-Abbès?
Par Bel-Abbès, on ne sauvegarde aucun intérêt existant; on cherche
à en créer de nouveaux et on sacrifie ceux de Tlemcen, d'Oran et des
nombreux centres si importants créés par les efforts de nos courageux
colons et auxquels ont travaillé deux générations, car, déjà, les premiers occupants ont cédé la place à leurs fils. C'est ainsi que vous sa-
crifiez Misserghin, Temsalmet, Brédéah, Bou-Tlélis, Lourmel, Er-
Rhaël, la M'léta, Aïn-el-Arba, Rio-Salado, Chabat-et-Leham, Ham-
mam-bou-Hadjar, Arlal, Aïn-Temouchent, Aïn-Kial, El-Bredjh, Tek-
Balet, Pont-de-l'Isser, Terny, Kerabj, Lamiguier, Oussidan, Négrier;
et au profit de qui et de quoi? de Lamoricière et de Lamtar, deux
centres nouveaux-nés et de très-maigre importance, mais, en revanche, au grand profit de la Compagnie de l'Ouest-Algérien, dont on
devinera l'origine et la composition, quand on saura qu'elle est pré-
sidée par un ex-chambellan de l'Empereur et un des derniers invalidés
de l'Assemblée.

Oui, nous mettons au défi qu'on nous prouve qu'il y a au prolongement de Bel-Abbès-Tlemcen un intérêt public ou privé quelconque, autre que l'intérêt de la Compagnie l'Ouest algérien qui se trouve si à l'étroit dans son chemin du Tlélat à Bel-Abbès, 52 kilomètres, qu'elle sent bien ne pouvoir vivre et entretenir son état-major, son Conseil d'administration, sa direction à Paris, sa sous-direction en Algérie, si elle ne s'étend, et c'est pour arriver à ce résultat que sont tentés tous ces efforts et que seraient sacrifiés les intérêts si multiples que nous venons d'énumérer.

Récapitulons et condensons, avant de finir, les conséquences de ce chemin de fer d'Oran-Tlemcen, *par Bel-Abbès :*

1° Nous payerions, pour nos transports, de 18 à 46 °/₀ de plus que par la ligne directe ; nos voyages seraient plus longs, vu la distance, plus ennuyeux et plus pénibles, grâce aux changements de train ;

2° 82 kilomètres coûteraient plus cher à construire que 148 ;

3° Le vote unanime de notre Conseil général serait dédaigné et considéré comme non avenu ; il en serait autant des vœux de la Chambre de commerce provinciale et de ceux du Conseil municipal d'Oran ;

4° L'Etat aurait à payer une garantie d'intérêts plus lourde, parce que le trafic serait beaucoup moins important ;

5° Les centres les plus nombreux, les plus anciens, les plus peuplés ; les territoires les plus étendus, les mieux colonisés, les plus salubres, les plus productifs, les plus propres à recevoir de nouveaux colons seraient déshérités aux profit de quelques misérables bourgades et d'une contrée dont plus de la moitié est sans pierres, sans bois, sans eau ;

6° Oran et Tlemcen, deux villes ensemble de 70,000 habitants, les plus importantes de l'Algérie, seraient atteintes dans leur prospérité ; Bel-Abbès, elle-même, souffrirait dans la sienne ;

7° Les nécessités stratégiques, elles aussi, seraient sacrifiées dans une certaine mesure ;

8° Les intérêts si profondément lésés se réuniraient tôt ou tard pour remédier à un pareil état de choses, et alors l'Etat aurait à sa disposition, *moyennant un petit million par an, pendant près d'un siècle,* un chemin de fer qu'il ponrrait mettre en location pour faire paître les troupeaux et une assez belle quantité de ferraille à vendre ;

9° De si brillants résultats ne pourraient assurément que discréditer l'Algérie et, surtout, son administration qui en serait responsable.

Et tout cela pour la plus grande prospérité et l'unique profit d'une

Compagnie où président et fleurissent la fine fleur du bonapartisme et les martyrs de l'invalidation ;

Mais cela ne sera pas ; personne ne voudra se faire le complice d'une pareille œuvre ; pas une voix discordante ne se fera plus entendre pour soutenir un pareil projet ; la Commission d'enquête, malgré l'intérêt personnel de plusieurs de ses membres, le repoussera ; le Gouverneur général, mieux informé, le repoussera lui aussi, comme l'a repoussé le Conseil général, comme l'opinion publique le repousse, et si, par impossible, il pouvait venir jusque devant le Ministre, jusque devant l'Assemblée, Ministre et Assemblée le repousseraient à l'envie.

N. B. — Ceci était écrit en vue d'être déposé à l'enquête ; mais des circonstances indépendantes de la volonté de l'auteur ne lui ont pas permis d'en faire le dépôt en temps utile, c'est-à-dire avant la réunion de la Commission.

LIGNE DE MOSTAGANEM A TIARET
PAR RELIZANE

Après la ligne Oran-Aïn-Temouchent-Tlemcen, dont la prompte exécution est si nécessaire, si indispensable, vient certainement, par ordre d'urgence, celle de Mostaganem à Tiaret, par Relizane.

Nous n'en étudierons pas ici le trafic, cette étude a été faite et publiée par M. Boyer, et personne, que nous sachions, ne l'a critiquée ; nous nous contenterons d'insister sur les raisons de justice, de développement de la colonisation, de sécurité qui militent en faveur de cette ligne.

Elle est, en premier lieu, d'un immense intérêt pour Mostaganem, une ville ancienne, de plus de 12,000 habitants, siége d'une Sous-Préfecture, d'un Tribunal de première instance, d'une Subdivision militaire, qui a eu longtemps une importance réelle, mais qui a vu cette importance diminuer de moitié par le fait de l'établissement du chemin de fer d'Oran à Alger (section de Relizane à Oran).

Il n'est pas possible de laisser plus longtemps isolée une cité qui tenait naguère encore une des premières places dans la Colonie, elle doit absolument être reliée au grand central et le courant commercial, dont elle était autrefois l'entrepôt, doit lui être rendu ; c'est, avant tout, une œuvre de justice.

Ce sera aussi une œuvre essentiellement colonisatrice ; car nulle autre ligne ne parcourra jamais territoires plus propres à recevoir, dans les meilleures conditions, une population européenne nombreuse ; nuls autres offrent plus de ressources à l'agriculture, au commerce, à l'industrie ; ce tracé sera bientôt parsemé de villages nombreux et florissants, et la population indigène, plus danse là que partout ailleurs, sera enfin appelée à participer d'une manière effective aux bienfaits de la conquête, dont elle n'a, jusqu'ici, supporté que le joug ; aussi était-ce là, parmi ces Flittas, tribus laborieuses mais guerrières, qu'était le principal foyer des insurrections et celui qui leur fournissait les plus gros contingents.

La force les a domptés ; le contact, les rapports journaliers, la facilité des échanges, l'écoulement rémunérateur de leurs produits, le bien-être qui en sera la conséquence, les attireront, les attacheront à nous et la sécurité deviendra complète.

Commerce, agriculture, industrie, peuplement, fusion des intérêts, rapprochement des races, pacification véritable, tout aura à gagner à l'établissement de cette voie ferrée.

Pour toutes ces raisons, que personne ne contestera, la ligne Mostaganem-Tiaret par Relizane s'impose ; elle sera, pour tous, Européens et Indigènes, gouvernants et gouvernés, un incontestable bienfait.

Mais la construction de cette ligne ne suffirait pas à elle seule, et le but ne serait qu'imparfaitement atteint, en ce qui regarde Mostaganem, si cette ville n'était pas enfin dotée d'un port.

Ce port est une œuvre de justice qui s'est fait trop attendre, et il n'est que temps qu'un gouvernement réparateur y mette la main.

La dépense, de l'avis des Ponts et Chaussées, ne dépasserait pas 3,000,000 pour le port ; celle de la ligne, d'une longueur de 190 kilomètres environ, est évaluée à 19,000,000.

L'Etat pourrait imposer à la Compagnie concessionnaire du chemin de fer l'obligation de faire, en même temps, le port, qui, jusqu'à ce jour, n'a été qu'un quai de débarquement abordable seulement par les temps calmes.

LIGNE DE BEL-ABBÈS A MAGENTA

Vient enfin, classée, par le Conseil général, en troisième ordre, mais dans le réseau de *première urgence,* la ligne de Bel-Abbès à Magenta.

Cette ligne est le prolongement rationnel, logique, du chemin du Tlélat à Bel-Abbès ; c'est sur Magenta que la Compagnie de l'Ouest-Algérien doit s'étendre. Là, elle fera œuvre utile, utile au pays, utile à elle-même, car cette ligne sera très-productive ; elle desservira des centres déjà prospères et admirablement situés pour devenir très-florissants : Bou-Kanéfis, Tabia, Ben-Youb, Slissen, Magenta, des territoires de colonisation admirables ; elle servira de débouché à cette *mer d'alfa*, véritable mine d'or pour l'Algérie, qui s'étend vers le désert à partir de Magenta. L'exécution de cette voie ferrée est facile, et elle sera, pour la Compagnie qui l'exécutera, une opération excellente ; elle revient de droit à l'Ouest-Algérien, comme prolongement de la ligne du Tlélat à Bel-Abbès.

Il n'est, du reste, ici, question de compétitions d'aucune sorte ; ce qui nous préoccupe, ce qui préoccupe le pays, ses corps élus, ce n'est point l'intérêt de telle ou telle Compagnie, qui nous sont parfaitement indifférentes : qu'importe quels que soient les concessionnaires, pourvu que les travaux soient bien faits, qu'ils soient faits économiquement, et que les tracés soient arrêtés non point au profit d'une Compagnie, mais au profit des populations, au profit de la prospérité publique.

Ce qui froisse, irrite, indigne, c'est que le favoritisme, qui, si long-temps, régna sur notre pays, semble encore essayer de se faire jour : ce dont on ne veut plus à aucun prix, ce qu'on ne saurait plus suppor-ter, c'est *les pratiques de l'Empire !*

Heureusement, de ce côté, la moralité de notre Gouvernement actuel nous rassure ; nous savons que nous pouvons compter sur nos Mi-nistres.

Nous avons traité le réseau de première urgence, présenté et sou-tenu par le Conseil général, interprète autorisé des vœux et des besoins du pays, interprète fidèle, qui ne peut être inspiré, lui, que par le sentiment du devoir, par le désir de sauvegarder les intérêts du département qu'il représente.

Quant au réseau de deuxième urgence, nous n'en parlerons pas ici ; le Conseil général en a fait le classement ; il l'a fait de façon à ne laisser aucune prise à la critique.

CONCLUSION

Nous croyons avoir suffisamment démontré :

1° Que les impôts nouveaux, et plus particulièrement l'impôt foncier, dont les projets ont été soumis au Conseil supérieur, sont inopportuns, impolitiques, injustes, dangereux, inutiles : on ne demande pas à un enfant les mêmes efforts qu'à un homme mûr ; on n'impose pas à une colonie naissante, où l'on veut attirer l'immigration, les mêmes charges qu'à une métropole ; on n'exige pas d'une entreprise, à son début, à l'état encore d'organisation rudimentaire (l'entreprise ici est la colonisation), les mêmes résultats que d'une entreprise organisée de longue main, outillée de toutes pièces, rendant son maximum d'effets utiles.

D'ailleurs, il est une raison de justice qui nous paraît primer toutes les autres : c'est que *l'impôt foncier* est un prélèvement sur le revenu du capital foncier ; or, ici, le capital foncier existe à peine, il est en voie de création, et nulle part, que nous sachions, en aucun pays du monde, on n'impose pas une maison en construction, dont les fondations seules sont jetées et qui ne peut encore abriter personne.

Quand on est sage, on ne se lance pas aveuglément dans l'inconnu ; — on ne lâche pas la proie pour l'ombre ; — on ne court pas d'une expérience à une autre sans jamais attendre des résultats bien appréciables ; — on n'exige pas efforts sur efforts, sans paix ni trêve ; — on ne change pas de système et d'organisation comme de chemise ; — on n'épouvante point ceux qu'on appelle à soi ; — on leur montre, non point les hasards de l'inconnu, mais un but certain, bien défini, un plan arrêté mûrement et dont on est certain qu'on ne s'écartera pas avant d'en avoir suffisamment poursuivi l'exécution.

Voilà les réflexions que nous inspirent les projets d'impôts et la combinaison éphémère qui devait nous doter de chemins de fer.

Projets d'impôts, combinaison financière, plan général du réseau, tout cela a, du reste, été présenté, discuté, voté en vingt-quatre heures.

2° Nous croyons encore avoir demontré que le prolongement du chemin de fer de Bel-Abbès—Tlemcen, pour relier cette dernière ville à Oran et à la mer, était une conception malheureuse à tous les points de vue ; — qu'elle lèserait les droits acquis, les intérêts existants, sans en créer de nouveaux ; — qu'elle nécessiterait, d'après les exigences de la Compagnie de l'Ouest-Algérien (exigences que le Gouvernement général semble accepter), une dépense de premier établissement supérieure de 11,615,334 francs sur les devis présentés et les offres faites par la Compagnie Sauton-Guntzberger (1) ; — qu'elle grèverait le trésor d'une bien gratuite et lourde charge de plus d'un million, à payer annuellement pour garantie d'intérêt ; — qu'elle grèverait tout aussi gratuitement et inutilement le commerce, l'industrie naissante, l'agriculture, d'une charge également annuelle d'un demi million. — Tous ces chiffres réunis : dépense supérieure de premier établissement (11,600,000 francs) ; — garantie d'intérêt que l'Etat aurait à payer annuellement (1,000,000 francs) ; — surcharge imposée au commerce, à l'agriculture, à l'industrie naissante (500,000) ; — moins-value de la production générale (au moins une moyenne de 5,000,000 par an, dans une période de 20 ans), — tous ces chiffres réunis dépasseraient, en 20 ans (une demi-génération), 250,000,000, perdus pour notre province. Que serait-ce en 99 années ? C'est là, pourtant, les conséquences qu'entrainerait une faute économique impardonnable. La chose vaut la peine qu'on y réfléchisse !

3° Nous croyons également avoir démontré que la ligne directe Oran—Aïn-Temouchent – Tlemcen, est la ligne indiquée par les notions économiques les plus élémentaires, par le respect des droits acquis, par les nécessités du présent, par les besoins de l'avenir, par raison d'économie et par souci des deniers publics ; — qu'au lieu de résultats financiers négatifs, elle en produirait, au contraire, d'excellents ; —

---

(1) En effet, l'Ouest-Algérien demande, aujourd'hui :

1° Du Tlélat á Bel-Abbès	. . . .	10,496,700 fr.
2° De Bel-Abbès à Tlemcen	. . . .	16,042,480
Au total	. . . . .	26,539,180 fr.

dont l'Etat aurait à garantir l'intérêt 6 %, soit 1,593,350 fr. 80 c. par an, tandis que la Compagnie Dolfus (Fives-Lille) ne demande que 18,700,000 fr. et Sauton et Cⁱᵉ seulement 14,923,846 fr.

Il faut encore ne pas perdre de vue qu'avec la ligne directe la garantie d'intérêt ne serait que nominale.

qu'au lieu d'enrayer, comme la première, la prospérité de notre province, de nos deux villes les plus importantes, Oran et Tlemcen, dont la population ensemble dépasse 70,000 habitants, celle des plus nombreux et des plus anciens centres de colonisation, elle leur permettrait d'atteindre au maximum de cette prospérité.

Et, enfin, que l'exécution de la ligne par Bel-Abbès, comme ligne d'intérêt général, ferait peser sur l'administration algérienne une accusation de partialité, de parti pris, et celle plus grave encore d'avoir plus souci des intérêts d'une Compagnie que de ceux de la prosperité publique; de fermer l'oreille aux vœux si nettement, si hautement exprimés de toute une population, d'un Conseil général tout entier, d'une Chambre de commerce unanime, du Conseil municipal d'une ville de 50,000 âmes, pour ne l'ouvrir complaisamment qu'aux sollicitations peu scrupuleuses d'une Compagnie.

4° Nous croyons, enfin, avoir démontré aussi que le projet Tlemcen - Beni-Saf n'était pas sérieux; qu'il était, pour le moment et pour longtemps encore, un rêve creux, une conception folle, sur lesquels des esprits pratiques ne s'auraient s'arrêter.

Nous avons traité ces questions en conscience, sans passion, sans aucune espèce de parti pris; — nous n'avons rien laissé à l'imagination, nous n'avons demandé nos arguments qu'à des faits acquis et surtout à des chiffres puisés aux sources officielles. Nous espérons que nos lecteurs trouveront raisonnables, logiques, les déductions que nous en avons tirées.

On peut chercher à combattre la thèse que nous soutenons; trouver des avocats plus complaisants que sérieux, avoir des défenseurs intéressés, peu scrupuleux sur les moyens; phraser, ergoter, mentir, on n'opposera pas de bonnes, de sérieuses raisons à nos arguments, des chiffres *vrais* à nos chiffres.

Quand on a avec soi toutes les populations d'une province, tous les corps élus, le Sénateur et le Député qui nous représentent, un Conseil général tout entier, une Chambre de commerce unanime, le Conseil municipal d'une ville de 50,000 âmes, l'unanimité des journaux indépendants, on peut braver la critique: nos contradicteurs auront bien de la peine à se trouver en aussi bonne compagnie !

UN DERNIER MOT

24 octobre 1878.

La question qui nous occupe a une telle importance, elle touche à des intérêts si divers, si multiples, si vitaux, qu'elle passionne vivement les esprits, en même temps qu'elle alarme profondément les intérêts, et que les défenseurs naturels de ces intérêts, nos corps élus, le Conseil général, la Chambre de commerce, le Conseil municipal d'Oran, s'en préoccupent au plus haut degré.

Pendant la session d'octobre qui vient de se clore il y a trois jours, le 21, le Conseil général a repris la question et, à la suite d'un rapport fortement motivé, que nous reproduisons plus loin et dont les conclusions ont été votées à l'unanimité, moins *deux voix*, sur 26 conseillers, il a été décidé que *trois délégués*, pris dans son sein, seraient envoyés à Paris, auprès du Ministre.

Ces délégués auront pour mission de protester énergiquement contre des agissements et des tendances tout au moins fort regrettables, laissant supposer que l'administration algérienne sacrifie à des complaisances assez inexplicables non-seulement les intérêts présents et futurs du trésor, mais encore ceux tant des colons que des indigènes et dans le présent et dans l'avenir ; — et cela au seul bénéfice de la Compagnie de l'Ouest-Algérien, pour laquelle rien n'expliquerait les sympathies de la haute Administration, surtout en présence de la façon dont cette Compagnie rend les comptes qu'elle doit au département. (1)

Les trois délégués nommés ont donc mission d'éclairer le gouvernement et de lui apporter les vœux du Conseil général et de la population tout entière ; car, — et c'est ici un des côtés saisissants de la situation, — d'un côté, nous avons, nous venons de l'indiquer, les corps élus et *toute la population*, et, de l'autre, la seule Compagnie de l'Ouest-Algérien et quelques *très-rares intéressés*, dont on a eu soin de former exclusivement une commission d'enquête, — singu-

---

(1) Voir le rapport de M. Roubière, vice-président du Conseil général, page 80,

lière commission vraiment, dans laquelle n'ont figuré, à l'exclusion de tous autres, que les tenants de la Compagnie.

Et ce serait cette commission, triée avec un soin pieux et passée au crible de la partialité, cette commission composée en dehors de toute règle morale, sinon de toute règle légale, cette commission juge et partie, que l'on voudrait opposer, nous le répétons, aux vœux unanimes de toute une province, à notre Député, à notre Sénateur, au Conseil municipal d'une cité de 50,000 âmes, à un Conseil général tout entier, à une Chambre de commerce provinciale !

Heureusement, nous avons des Ministres loyaux, éclairés, vraiment honnêtes, que les pratiques de l'Empire ne tentent point ; — heureusement, nous avons une Chambre nationale et vraiment française, et nous ne sommes plus au temps où nous étions taillables et corvéables à merci !

Dailleurs, nous refusons formellement de croire, jusqu'à preuves indéniables contraires, à la sérieuse complicité de la haute Administration algérienne, et, en tout cas, nous avons l'absolue confiance que la justice reprendra ses droits et la vérité son empire, et que cette administration, que l'opinion publique accuse de vouloir favoriser quand même la Compagnie de l'Ouest-Algérien, à laquelle elle sacrifierait nos intérêts les plus vitaux, prouvera, par son attitude, que l'opinion publique est trompée par de fausses apparences, et que cette accusation qui pèse sur elle n'a point de fondement sérieux.

Pour faire cette preuve, l'Administration n'a qu'à accepter, sans hésitation, la seule solution raisonnable, sensée, logique, honnête, que lui indiquent les plus simples notions économiques d'accord avec les vœux unanimes de la population et de ses corps élus ; nous ne voulons pas en douter, cette solution l'Administration algérienne l'acceptera d'elle-même et sans qu'il soit besoin que le Ministre ou l'Assemblée lui forcent la main.

LESCURE.

DOCUMENTS OFFICIELS A CONSULTER

Nous donnons ci-après, à titre de renseignements :

1° La délibération du Conseil général, du 15 octobre 1878, et le vote qui l'a suivie ;

2° La nomination des délégués à envoyer auprès du Ministre ;

3° Le rapport de M. Roubière, vice-président du Conseil général, dans l'affaire des comptes de la Compagnie de l'Ouest-Algérien avec le département.

4° Le vœu de la Chambre de commerce ;

5° Le vœu du Conseil municipal d'Oran ;

EXTRAIT

DE LA SÉANCE DU CONSEIL GÉNÉRAL D'ORAN DU 15 OCTOBRE 1878

Chemins de fer

M. Bézy, rapporteur de la Commission des travaux publics, exposé que M. le Préfet a présenté au Conseil le rapport suivant :

« N° 49. — *Chemins de fer à construire dans le département d'Oran. Leur classement.*

» J'ai l'honneur de placer sous les yeux de l'Assemblée départementale une dépêche de M. le Gouverneur général, relative au classement des chemins de fer formant le réseau complémentaire d'intérêt général dans le département d'Oran, et au sujet desquels un projet de loi doit être soumis aux Chambres, dès leur rentrée, par M. le Ministre des travaux publics.

» Je soumets également au Conseil, conformément aux instructions qui m'ont été adressées par M. le Gouvernenr général, une circulaire ministérielle ayant trait aux mêmes voies ferrées.

» Il appartient au Conseil général de présenter, sur le projet de classement proposé, telles observations qu'il jugera convenables, et je profite de la circonstance pour lui faire connaître que les délibérations qu'il a déjà prises sur le classement des chemins de fer de la province d'Oran, dans ses séances des 13 et 16 avril dernier, ont été transmises, par mes soins, à l'Autorité supérieure, le 5 mai suivant.

Alger, le 9 août 1878.

Monsieur le Préfet,

A la date du 12 juillet dernier, je vous ai adressé une circulaire de M. le Ministre des travaux publics, n° 28, en date du 3 du même mois, prescrivant de soumettre aux Conseils généraux le projet de loi relatif au classement du réseau complémentaire des chemins de fer d'intérêt général.

Je vous prie de communiquer cette circulaire au Conseil général de votre département, dans sa prochaine session, et de m'adresser ensuite, avec vos observations personnelles, les conclusions de cette assemblée sur le projet dont il s'agit.

Recevez, etc.

Le Gouverneur général absent :
Le Conseiller d'Etat, Directeur général
chargé de l'expédition des affaires ci-
viles et financières,
Signé. Le Myre de Villers.

Alger, le 25 septembre 1878.

Monsieur le Préfet,

J'ai l'honneur de vous informer que, sur ma demande, M. le Ministre des travaux publics présentera aux Chambres, dès leur rentrée, un projet de loi relatif au classement des lignes ferrées du réseau complémentaire d'intérêt général. Ce classement comprend les chemins ci-après, qui sont situés, en totalité ou en partie, dans le département d'Oran :

1° Tlélat à Sidi-bel-Abbès (actuellement chemin d'intérêt local) 52 k""
2° Bel-Abbès à Tlemcen. 82
3° Mostaganem à l'Hillil. 45
4° Tlemcen à Beni-Saf. 73
5° Tlemcen à la frontière du Maroc. 58
6° Relizane à Tiaret. 114
7° Beni-Saf au Rio-Salado. . . . . } 90
8° Rio-Salado à Oran. . . . . }
9° Sebdou à Tlemcen. 44

L'ordre d'exécution de ces lignes dépendra beaucoup des catégories dans lesquelles elles seront placées par le Parlement, qui entendra, à ce sujet, les observations des représentants de l'Algérie.

Recevez, etc.

Le Gouverneur général absent :
*Le Conseiller d'Etat, Directeur général
chargé de l'expédition des affaires ci-
viles et financières,*
Signé : Le Myre de Villers.

M. le Rapporteur fait observer que l'Administration ne tenant aucun compte des avis exprimés par le Conseil général, vient encore lui proposer un classement qu'il a déjà repoussé. Des faits nouveaux se sont-ils produits de nature à modifier les votes émis par l'Assemblée départementale ? Aucun. Aujourd'hui, pas plus qu'il y a six mois, n'est utile, par exemple, la voie ferrée qui doit relier Bel-Abbès à Tlemcen ; contre une autre des lignes projetées s'élèvent les protestations de toute une contrée. Aussi, la Commission propose-t-elle de maintenir avec énergie les décisions prises au mois d'avril, et dont le rapporteur place le texte sous les yeux du Conseil. En présence d'une délibération aussi précise, on peut, à bon droit, s'étonner de la persistance que l'on met à soutenir un système condamné et que l'on ne saurait appuyer sur aucun intérêt général ; l'étonnement grandira, si l'on se reporte au procès-verbal de votre séance du 13 avril dernier. On nous disait, alors, que toutes les questions relatives à notre réseau de chemins de fer restaient entières ; que l'Administration n'avait ni parti pris, ni arrière-pensée ; que l'on n'avait pas encore reçu le procès-verbal de la Commission technique, à laquelle on impute le classement adopté, et que, par conséquent, on n'avait pu prendre une décision. Ces déclarations étaient-elles sincères ? Il est permis d'en douter, si l'on veut bien se souvenir qu'un mois et demi avant qu'elles ne fussent publiquement produites, M. le Gouverneur général concédait à la Compagnie de l'Ouest-Algérien la ligne de Bel-Abbès à Tlemcen. Une entente cordiale s'était formée entre le directeur de cette Société, M. d'Ayguesvives, et M. le général Chanzy ; ils semblent s'être promis un mutuel appui. Le traité intervenu entre eux, quoique officiellement tenu secret, avait été l'objet d'indiscrétions habiles et avait produit une hausse à la Bourse sur les actions de la Société. Qui en a profité ? Quelques capitalistes, sans doute. Mais il est regrettable que M. le Gouverneur ait été l'agent principal d'une pareille manœuvre, et que, dépassant ses pouvoirs, et sous la réserve à peine exprimée des droits du Parlement, il ait concédé une voie ferrée à une Compagnie, ou assuré à celle-ci, pour cette concession, un privilége sur tous ses concurrents, ainsi que cela résulte, avec clarté, des articles 1er et 2e du marché intervenu ; si, encore, l'on pouvait invoquer un motif d'économie en faveur de ce marché, il serait peut-être excusable ; mais la voie dite directe, d'après les avant-projets et les devis, bien loin d'exiger une dépense plus forte que le chemin de fer entre Bel-Abbès et Tlemcen, doit peut-être moins coûter que celui-ci. Il est vrai que l'Etat prend à sa charge une partie des travaux à exécuter ; la direction de ces travaux sera confiée au Service des ponts et chaussées, et l'on a tout lieu de croire que l'alliance intime existant déjà, entre la Compagnie de l'Ouest-Algérien et l'Administration, se resserrera davantage par les services mutuels qu'elles pourront se rendre. Mais à quoi bon parler plus longtemps d'un marché que la conscience publique a déjà jugé, d'un acte qui, d'abord, a été l'instrument d'une manœuvre de bourse, et qui, dans tous les cas, constitue une violation flagrante de la loi.

M. le Rapporteur, sans s'y arrêter davantage, donne lecture des conclusions de la Commission, qui sont ainsi conçues :

« La Commission rejette énergiquement, à l'unanimité moins une voix, le classement renfermé dans ce rapport ; elle propose au Conseil de maintenir purement et simplement son vote du 16 avril, relatif à la nécessité des seules lignes à créer dans l'intérêt général et l'ordre dans lequel elles doivent être construites. »

Ce classement est le suivant :

PREMIÈRE URGENCE

1° Oran à Tlemcen, par Aïn-Temouchent ;
2° Mostaganem-Tiaret (ligne directe) ;
3° Bel-Abbès-Magenta, par Ben-Youb et Bou-Kanéfis.

La Commission croit devoir ajouter, dans les lignes de première urgence, un tronçon de Mascara à la gare d'Aïn-Tizi, le tronçon devant avoir à peine 10 kilomètres et être à petite voie (Type de la Compagnie Franco-Algérienne). La Commission insiste pour que sa construction, qui permettra à Mascara d'établir ses communications avec Oran, soit entreprise dans le plus bref délai.

DEUXIÈME URGENCE

1° De Tlemcen à Sebdou ;
2° De Tlemcen à Maghnia ;
3° Du Rio-Selado au cœur du massif minier.

La Commission regrette vivement l'attitude de l'Administration dans la question du classement des chemins de fer, qui a voulu imposer des lignes que le Conseil élu désapprouve.

Le traité signé entre M. Chanzy, gouverneur général, et M. d'Ayguesvives ne laisse aucun doute sur la protection que l'Autorité devait accorder à l'Ouest algérien, au mépris des intérêts généraux de la province.

Convention relative à l'établissement du chemin de fer de Bel-Abbès à Tlemcen

L'an mil huit cent soixante-dix-huit et le

Entre le Gouverneur général civil de l'Algérie, agissant au nom de l'Etat, et sous la réserve de l'approbation législative de la présente convention,

D'une part,

Et M. le comte d'Ayguesvives, président de la Compagnie des chemins de fer de l'Ouest-Algérien, agissant au nom de cette Compagnie,

D'autre part,

Il a été convenu ce qui suit :

ARTICLE PREMIER. — Le Gouverneur général de l'Algérie, au nom de l'Etat, concède à la Compagnie des chemins de fer de l'Ouest-Algérien, qui accepte, un chemin de fer de Sidi-bel-Abbès à Tlemcen, passant par ou près Lamoricière, et ce, pour quatre-vingt-dix-neuf années, à partir de la promulgation de la loi approuvant la présente convention.

ART. 2. — La concession du prolongement du chemin de fer de Sidi-bel-Abbès à Tlemcen jusqu'à la frontière du Maroc, ou des lignes à embrancher sur ce chemin ou sur son prolongement, sera donnée, de préférence, à conditions égales, à la Compagnie des chemins de fer de l'Ouest-Algérien.

ART. 3. — L'Etat construira la plate-forme de la ligne concédée conformément aux dispositions de la loi du 10 juin 1842.

La Compagnie des chemins de fer de l'Ouest-Algérien s'engage, de son côté, à exécuter la superstructure, y compris les maisons de garde; à la pourvoir du matériel roulant et de l'outillage nécessaire; enfin, à livrer le chemin, en totalité ou par parties, dans un délai qui n'excédera pas deux annés, à partir de la livraison par l'Etat des travaux à sa charge.

Il est entendu que les sections à livrer successivement par l'Etat ne devront pas être moindres de quarante kilomètres et qu'elles seront livrées sans solution de continuité à partir des deux extrémités.

Art. 4. — L'Etat se réserve, après examen des projets et estimation du chemin que la Compagnie est tenue de dresser à ses frais et de présenter dans un délai de deux mois, après la promulgation de la loi ratifiant la présente convention, la faculté d'imposer à la Compagnie des chemins de fer de l'Ouest-Algérien la construction de la plate-forme.

L'exercice de cette faculté est limitée à un délai de deux mois, à partir de la présentation de ce projet et de cette estimation.

Art. 5. — Les travaux incombants à la Compagnie du chemin de fer de l'Ouest-Algérien, soit qu'elle n'ait à faire que la superstructure, soit qu'elle ait à construire le tout, seront établis conformément aux conditions du cahier des charges du chemin de fer de Constantine à Sétif, sauf en ce qui concerne la déclivité des pentes et rampes qui pourra atteindre un maximum de vingt millimètres par mètre (0,020).

Art. 6. — Si la Compagnie concessionnaire est chargée de la substructure et de la superstructure, la ligne concédée devra être achevée dans un délai de trois années.

Art. 7. — La Compagnie de l'Ouest-Algérien, déjà concessionnaire du chemin de fer d'intérêt local de Sainte-Barbe-du-Tlélat à Sidi-bel-Abbès, s'engage à consentir à la transformation du dit chemin en ligne d'intérêt général, et à la substitution de l'Etat au département d'Oran, en ce qui concerne les traités qu'elle a passé avec ce dernier.

Art. 8. — Le Gouverneur général civil de l'Algérie garantit, au nom de l'Etat, pendant la durée de la concession, un revenu annuel net, par kilomètre de chemin exécuté, de six pour cent (6 %), du montant de la dépense à la charge de la Compagnie, préalablement établie et vérifiée, jusqu'à concurrence de cent-vingt mille francs (120,000) par kilomètre, si elle n'est chargée que de la superstructure, et, en outre, au cas où l'Etat userait de la faculté qui lui est réservée par l'art. 4 de la présente convention, d'un revenu annuel net, par kilomètre de chemin exécuté, de cinq francs soixante-cinq centimes pour cent (5 fr. 65), du montant de la dépense de substructure, laquelle est, dès à présent, fixée, au maximum, de soixante-quinze mille six cent quarante francs par kilomètre, et sans que la longueur totale puisse dépasser quatre-vingt-deux kilomètres.

Pour l'évaluation de ce revenu net kilométrique, les frais d'exploitation seront établis à forfait, ainsi qu'il suit, par rapport aux recettes brutes kilométriques, savoir :

Au-dessous de 11,000 francs de recette brute.				7.700 "
De 11 à 12,000 francs de recette brute,	70 °/°	sans excéder		8.040
De 12 à 13,000	—	67 °/°	—	8.320
De 13 à 14,000	—	64 °/°	—	8.540
De 14 à 15,000	—	61 °/°	—	8.700
De 15 à 16,000	—	58 °/°	—	8.800
De 16 à 20,000	—	55 °/°	—	10.400

Au-delà de 20,000 francs de recette brute, 52 °/°.

En conséquence, après avoir établi, comme il sera dit à l'article 10 ci-après, le montant des recettes brutes par kilomètre, à la fin de chaque année, on en déduira les frais d'exploitation d'après les bases ci-dessus, et l'on obtiendra ainsi le revenu net kilométrique. Si ce revenu net est inférieur au minimum garanti, la différence sera payée par l'Etat à la Compagnie concessionnaire ; si, au contraire, le revenu net atteint ou dépasse le minimum, il ne sera rien dû à la Compagnie par l'Etat.

Il est stipulé, en outre, que, toutes les fois que la recette brute excédera celle correspondante au revenu net garanti, le quart de l'excédant sera versé au compte de l'Etat, en déduction des annuités qu'il aura payées, et ce, jusqu'au remboursement total de ces annuités cumulées à quatre pour cent (4 °/°).

La garantie ci-dessus spécifiée s'exercera à partir du jour de la mise en exploitation de chaque section de la ligne exécutée.

ART. 9. — Comme garantie des engagements pris pour la construction et l'exploitation de la ligne concédée, la Compagnie des chemins de fer de l'Ouest-Algérien versera, dans le délai qui sera fixée par le Gouverneur général civil de l'Algérie, une somme de cent mille fr. (100,000 fr.) en numéraire ou en rentes sur l'Etat, calculées conformément au décret du 31 janvier 1872, ou en bons du Trésor ou autres effets publics avec transport au profit de la Caisse des dépôts et consignations de celles de ces valeurs qui seraient nominatives ou à ordre.

Cette somme sera rendue à la Compagnie par cinquième et proportionnellement à l'avancement des travaux ; le dernier cinquième ne sera rendu qu'après leur entier achèvement.

Art. 10. — Un règlement d'administration publique déterminera, en ce qui concerne la garantie de revenu stipulée à l'article 8 ci-dessus, les formes suivant lesquelles la Compagnie concessionnaire sera tenue de justifier vis-à-vis de l'Etat, et sous le contrôle de l'Administration supérieure, des recettes brutes de la ligne ou des parties de la ligne en exploitation.

Art. 11. — La présente convention ne sera passible que du droit fixe de trois francs.

Fait double à   , les jours, mois et an que dessus.

Le Gouverneur général,   *Le Président de la Compagnie,*
Signé : Chanzy.   Signé : d'Ayguesvives.

Evidemment cette attitude est singulière en regard des déclarations de M. le Préfet dans la séance du 12 avril (page 154).

La Commission proteste contre cette manière d'agir et elle la signale à l'attention du pays.

M. le Préfet ne saurait laisser passer, sans protestations, l'exposé des motifs dont M. le Rapporteur a fait précéder les conclusions de son rapport.

Les pièces communiquées ont été interprétées d'une manière erronée et injuste, on a dressé tout un acte d'accusation sur un projet d'acte qui, pour avoir quelque valeur, doit être daté et sanctionné par le Parlement. Il rappelle que c'est à la suite d'un vote du Conseil supérieur, favorable au chemin de fer de Sidi-bel-Abbès à Tlemcen, que l'Administration centrale est entrée en pourparlers avec la Compagnie de l'Ouest algérien, et a préparé un projet de convention sans enrayer, du reste, l'instruction de l'affaire.

Maintenant a-t-il à se préoccuper d'articles de journaux, de prétendues opérations de bourse dont il n'a pas eu connaissance ?

Mais de quel droit l'Administration serait-elle intervenue dans les agissements de la Compagnie, s'il y en a eu ? Comment pourrait-elle être rendue responsable des faits auxquels elle est restée étrangère, lorsque, ainsi qu'il vient de le dire, le projet de convention n'est qu'un instrument à discussion et sur lequel le Parlement doit se prononcer pour qu'il ait une valeur quelconque ? La Compagnie ne pouvait ignorer la portée de cette convention, puisqu'une des clauses soumet son acceptation au Parlement.

M. Cély ne saurait partager l'avis de l'Administration ; l'acte sur lequel on a appelé l'attention du Conseil n'est pas seulement un document à consulter, il constitue un véritable contrat, et c'est ainsi qu'en a jugé une des parties contractantes, la Société de l'Ouest algérien, qui s'est empressée, après la signature du marché, de nommer trois nouveaux administrateurs à cause de l'extension de son réseau, que lui assurait M. le Gouverneur général par la convention dont on discute en ce moment les termes.

M. Bézy ajoute qu'au besoin il pourrait fournir la date précise de ce marché. Il a été publié ou, du moins, annoncé dans les journaux et, notamment, par le *Moniteur de l'Algérie,* dont on connait les attaches officielles. Il espère que le Conseil ne le condamnera pas à une recherche qui pourrait lui faire perdre du temps ; car nul dans l'assemblée ne doute de l'authenticité de l'acte.

M. le Préfet ne peut que répéter ce qu'il a déjà dit ; cet acte ne peut former un lien de droit entre l'Etat et la Compagnie qu'après avoir été sanctionné par un vote du parlement. Jusque là, il est sans force ; l'avis du Conseil général peut le faire modifier ou même le détruire ; il n'est, à quelque point de vue qu'on l'envisage, qu'une proposition soumise aux assemblées législatives ; aussi a-t-il encore le droit de répéter ce qu'il disait au mois d'avril dernier. La question demeure entière ; le Conseil peut encore délibérer sur elle d'une manière utile et proposer toutes les modifications qu'il jugera opportunes aux propositions du gouvernement.

M. Bézy voudrait ajouter quelques mots aux critiques qu'il a formulées contre l'acte signé par M. le général Chanzy : on assure à la Compagnie de l'Ouest-Algérien des avantages exceptionnels et qui sont hors de toute proportion avec ceux que l'on a accordés à la Compagnie, cependant favorisée, de Paris-Lyon-Méditerranée.

M. le Gouverneur général est d'une complaisance inépuisable pour la Société concessionnaire de la ligne de Tlemcen à Bel-Abbès ; pour elle il excède les pouvoirs qui lui sont conférés ; il lui assure des revenus plus forts que ceux garantis aux autres lignes algériennes ; enfin, et malgré le vote du Conseil, il vient de nouveau lui proposer un chemin de fer que celui-ci rejetait dans sa dernière session, et on dirait que, par son insistance, il cherche à exercer une pression sur l'assemblée départementale. Devant l'ensemble de ces faits, beaucoup d'esprits, sans être prévenus, pourraient conclure qu'il y a presque une certaine complicité entre M. le Gouverneur et la Compagnie de l'Ouest-Algérien.

M. le Préfet proteste énergiquement contre les termes employés par M. Bézy et contre ses paroles, et il en est d'autant plus surpris que toutes les pièces relatives à cette affaire ont été communiquées avec empressement au Conseil général.

M. Baquet fait observer qu'il a été absent pendant deux jours ; durant le temps où il n'a pu prendre part aux travaux du Conseil général, il a pu consulter le Conseil municipal de sa commune, un certain nombre d'électeurs de sa circonscription, et tous protestent contre l'opinion qui semble prévaloir dans la majorité de l'Assemblée ; il se fera l'interprète de leurs sentiments, et, en effet, il donne lecture de la protestation suivante :

« Le Conseil général, après avoir décidé, en principe, que le réseau du chemin de fer partant de Sidi-bel-Abbès et se prolongeant, par Tlemcen, jusqu'à la frontière du Maroc, étant d'intérêt général, c'est-à-dire satisfaisant aux besoins de la colonisation et de la stratégie, revient aujourd'hui sur son vote et décide, à la majorité des voix, que le tracé direct partant d'Oran à Tlemcen est le seul qui puisse être accepté.

» Forcés de subir la loi des majorités, nous protestons, tant en notre nom personnel qu'au nom de nos mandants, contre une décision qui atteint Sidi-bel-Abbès et anéantit ses plus chères espérances.

» La population que nous représentons, population économe et laborieuse, ne s'attendait pas au coup qui la frappe ; aussi espère-t-elle que ses doléances portées à l'Assemblée par des hommes convaincus, seront entendues, et que justice lui sera faite.

» Quant à nous, nous continuerons à faire tous nos efforts pour arriver au résultat que nous nous sommes proposés, certains que nous sommes d'avoir toujours évité les questions d'intérêt particulier ou de clocher, et de nous être inspirés que des intérêts généraux.

« Signé : Baquet et Roubière. »

M. Cély demande à M. Baquet s'il parle au nom de la Compagnie de l'Ouest-Algérien dont il est l'agent.

M. Roubière fait observer que M. Baquet parle comme conseiller général, au nom de ses électeurs, et que lui-même s'associe à sa protestation.

M. Bézy déclare que le Conseil général étant fixé, il juge inutile de protester contre le document dont M. Baquet vient de donner lecture.

Le Conseil adopte les conclusions de la Commission.

PROPOSITION
FAITE AU CONSEIL GÉNÉRAL PAR M. BÉZY

M. Bézy, en son nom personnel, soumet au Conseil la proposition suivante :

Considérant que l'adoption, comme portion du grand central algérien, de la ligne du Tlélat à Tlemcen, par Sidi-bel-Abbès, aurait pour effet de mettre Alger en communication avec Tlemcen par une ligne d'une longueur totale de 540 kilomètres ou de 550 ou de 570 kilomètres, suivant l'exécution du tracé par Lamptar ou du tracé par Bou-Kanéfis ou du tracé par Tizi (d'Alger au Tlélat, 395 kilomètres ; du Tlélat à Bel-Abbès, 52 ; de Bel-Abbès à Tlemcen, 93 (1) par Lamptar ; 103 par Bou-Kanéfis ; 123 par Tizi) ;

Considérant que ce parcours ne serait pas augmenté d'uue façon sensible par l'adoption, comme portion du grand central, de la ligne directe d'Oran à Tlemcen par Temouchent, qui aurait pour effet de mettre Alger en communication avec Tlemcen par une ligne d'une longueur totale de 552 kilomètres (d'Alger à l'embranchement de la Sénia, 415 kilomètres ; de la Sénia à Tlemcen, 137) ; que, d'ailleurs, les rapports de Tlemcen avec Alger sont presque nuls, surtout au point de vue commercial ;

Considérant que le tracé du grand central du Tlélat sur Bel-Abbès est un tracé vicieux, qui revient sur lui-même, ainsi qu'il est facile de le constater en remarquant l'angle excessivement aigu formé, au Tlélat, par la jonction de la ligne Paris-Lyon-Méditerranée et de celle de l'Ouest-Algérien, tandis que le tracé par la Sénia et Temouchent ne présente pas cet inconvénient et se dirige d'une façon beaucoup plus régulière et beaucoup plus normale sur Tlemcen et la frontière marocaine ;

Considérant que les rapports de Tlemcen avec Oran, son chef-lieu,

---

(1) Le tracé de l'Ouest-Algérien ne porte que 82 kilomètres ; mais le service des Ponts-et-Chaussées vient de relever, dans ce travail, plusieurs erreurs de nivellement, dont une de 40 mètres, notamment au point dit des Cascades. Les rectifications indispensables, amenées par ces erreurs, allongeront encore la ligne de plus de 10 kilomètres ; voilà pourquoi nous portons la distance à 93 kilomètres, au lieu de 82.

sont très-nombreux, très-importants au point de vue commercial, industriel, administratif et autres ; que la distance beaucoup plus grande par la ligne de Bel-Abbès, jointe aux frais de transbordement au Tlélat, augmenterait les frais de transport dans la proportion effrayante de près d'un tiers pour cent (30 %), ce qui serait pour les deux villes une charge annuelle de 800,000 fr. à 1,000,000 ; qu'imposer bénévolement et sans aucune compensation une pareille charge à ces deux localités serait porter la plus grave atteinte à leur prospérité ; que les plus simples notions de justice, que les règles économiques les plus élémentaires s'élèvent contre un pareil résultat ;

Considérant qu'il est urgent de raccourcir autant que possible la distance entre Oran et Tlemcen, ville frontière, non-seulement au point de vue commercial, mais au point de vue militaire ;

Considérant que le tracé par la Sénia, tout en n'augmentant que faiblement le parcours d'Alger à Tlemcen, rapproche beaucoup Tlemcen d'Oran, vaste entrepôt et port militaire, dans lesquels, en cas de besoin, arriveraient facilement les secours en hommes, vivres et munitions que pourrait envoyer la France ;

Considérant qu'il existe, entre Oran, Temouchent et Tlemcen, dans la région qui serait desservie par la ligne directe, un pays riche et fécond, couvert en partie par dix-sept villages, que des moyens de transport rendront prospères, pays apte à recevoir encore de nombreux colons européens, renfermant une population indigène riche et dense, entièrement soumise, tandis que les pays situés entre Bel-Abbès et Tlemcen sont à peu près déserts, offrent peu de sécurité et ne permettent d'espérer aucun avenir pour la colonisation, parce qu'ils manquent d'eau, de pierres et de la plupart des éléments indispensables à l'établissement des Européens et même des indigènes ;

Considérant que l'adoption de la ligne de Tlemcen sur Oran par Sidi-bel-Abbès aurait pour effet de ruiner la partie la plus riche de la province et de rendre ainsi inutiles les énormes sacrifices faits par la France pour créer dix-sept villages et les soutenir jusqu'à ce jour ;

Considérant qu'aucune étude sérieuse n'a été faite du tracé entre Tlemcen et Bel-Abbès, vérité qui vient d'être établie d'une façon irrécusable par la vérification des Ponts-et-Chaussés, au cours de laquelle les employés de l'Etat ont constaté, entre les cotes vraies et les cotes portées sur les plans de la Compagnie de l'Ouest-Algérien, des différences de plus de 40 mètres (au passage des Cascades, par exemple);

Considérant que la Compagnie de l'Ouest-Algérien demande, pour la construction de la ligne du Tlélat à Tlemcen par Bel-Abbès, une garantie de 6 %, portant sur une somme de *vingt-sept millions* (10,500,000 fr., compte du Tlélat à Bel-Abbès, et 16,500,000 fr., compte du tronçon de Bel-Abbès à Tlemcen, soumis à l'enquête) ;

Considérant que, d'après les devis présentés par les Compagnies qui ont fait les études du chemin de fer direct (la Compagnie Guntzberger et la Compagnie Fives-Lille entre autres), l'exécution de ce tracé ne coûterait pas seize millions, ce qui représente une économie de onze millions ;

Considérant que le département d'Oran s'est exposé à de gros sacrifices en subventionnant le chemin de fer du Tlélat à Bel-Abbès, dans le seul but de voir respecter dans son ensemble et dans ses détails le réseau des voies ferrées adopté par lui pour la province ;

Considérant que la construction de la ligne de Tlemcen à Oran par Bel-Abbès, de préférence à la construction de la ligne par Aïn-Temouchent, aurait pour effet de détruire l'économie de ce projet général, voté dans plusieurs délibérations approuvées par l'Autorité supérieure, qui s'est, par cette approbation, moralement engagée à les respecter ;

Considérant les avis répétés et motivés du Conseil général, de la Chambre de commerce, et les avis unanimes de la presse et de l'opinion publique ;

Considérant que les raisons stratégiques militent en faveur de la ligne directe d'Oran à Tlemcen par Aïn-Temouchent, ainsi que l'a reconnu le représentant de l'autorité militaire (Conseil général, séance du 16 avril 1878) ;

Considérant que l'avis favorable à la création de la ligne de Tlemcen à Bel-Abbès et à son classement comme portion du grand central, a été émis par une commission composée presque en totalité do propriétaires ayant un intérêt particulier et personnel à la création de la ligne sur laquelle ils ont été appelés à donner cet avis ;

Considérant que, tout en portant un tort irréparable aux intérêts de la province, l'adoption du projet présenté par l'Ouest-Algérien aurait pour effet de mettre à la charge de l'Etat 145 (ou 175) kilomètres nouveaux de voie ferrée, tandis que le tracé demandé par les réprésentants de la province lui imposerait 137 kilomètres seulement (1) ;

Considérant que la ligne de Tiaret à Mostaganem, rentrant dans le

---

(1) Distance de la Sénia à Tlemcen.

plan d'ensemble du Conseil général, jettera la vie dans l'est de la province et apportera à la ville de Mostaganem des ressources sans lesquelles l'Etat perdrait le fruit des énormes dépenses faites pour la création et l'entretien de cette ville maritime ;

Considérant que la création des deux lignes votées par le Conseil, avec garantie de 6 °/. par l'Etat, amènerait tout au plus au budget national l'inscription annuelle de deux millions, somme illusoire pour la France, si l'on songe que son budget est de près de trois milliards ; que, d'ailleurs, cette charge ne serait que momentanée, qu'elle irait rapidement en décroissant et s'éteindrait en peu d'années ;

Considérant, du reste, que cette dépense, qui ne constitue qu'une avance, serait amplement et immédiatement compensée par l'économie réalisée sur l'entretien des routes nationales et par les nouveaux revenus que créeraient l'augmentation de la population et les progrès de la Colonie ;

Considérant que cette somme permettrait de terminer le réseau de la province ;

Considérant, en un mot, que toutes les raisons d'intérêt général et d'économie militent en faveur de l'exécution des projets appuyés par les décisions du Conseil général, seul représentant légal des intérêts du pays, ainsi que l'a déclaré M. le gouverneur Chanzy, dans sa dépêche officielle du 12 avril ;

Le Conseil émet le vœu :

1° Que le chemin de fer d'Oran à Tlemcen, par la Sénia et Temouchent, soit classé comme portion du grand central et que sa construction soit immédiatement commencée par les soins de l'Etat, qui garantirait un minimum de revenu de 6 °/. à la Compagnie qui le construirait ;

2° Que le chemin de Tiaret à Mostaganem, par Relizane, soit aussi immédiatement commencé et que l'Etat assure à la Compagnie qui l'entreprendrait un minimum de 6 °/. de revenu.

Le Conseil décide :

Une Commission, composée de trois membres, se rendra à Paris, auprès de M. le Ministre des travaux publics, après avoir demandé le concours des hommes qui représentent la province d'Oran et de ceux qui ont été déjà appelés à la représenter, pour lui exposer et soutenir auprès de lui les plans de l'assemblée provinciale.

M. le Préfet ne relèvera qu'un point dans les observations qui viennent d'être présentées. On a critiqué la manière dont avaient été formées les Commissions d'enquête appelées à émettre un avis sur l'utilité publique de la ligne de Tlemcen à Bel-Abbès. Or, on a choisi ces Commissions conformément aux règlements en vigueur et dans la région que le chemin de fer est destiné à desservir. Il est évident, en effet, qu'on ne pouvait prendre au dehors des Commissaires. Comment auraient-ils pu, ignorant le pays, juger de l'utilité de la voie à entreprendre et donner un avis en connaissance de cause ?

M. Bézy maintient sa critique ; il ne s'agissait pas, en effet, dans l'enquête, du seul chemin de fer de Bel-Abbès à Tlemcen, mais d'une ligne d'un intérêt plus général, de celle qui doit relier les frontières de la Tunisie à celles du Maroc. Or, on aurait dû consulter les populations pour savoir s'il était plus utile de faire passer la voie par un autre point que Bel-Abbès.

M. Fauqueux fait observer que le nombre de trois délégués lui paraît exagéré.

M. Baquet appuie M. Fauqueux et fait observer que l'envoi de délégués est inutile, puisque nous avons déjà notre Député et notre Sénateur en état de nous représenter et de nous défendre ; il lui semble encore que l'envoi de délégués, dans un but spécial, semble être un signe de méfiance pour ces honorables représentants.

M. Pomel, sénateur, prend la parole pour appuyer la motion de M. Bézy, et dit que le Député et le Sénateur seront heureux de voir venir à Paris les délégués du Conseil général, qui non-seulement ne diminueront pas leur autorité, mais viendront, au contraire, leur prêter un appui auprès du Ministre.

La motion de M. Bézy est mise aux voix et adoptée.

La proposition étant adoptée, la nomination des délégués est renvoyée à samedi, 19.

<hr>

Séance du 19 octobre

Enfin, le Conseil choisit les membres de la délégation dont il a décidé l'envoi auprès des pouvoirs publics à Paris.

Sont élus :

M. Vagnon, par 20 voix ; MM. Fauqueux et Bézy, chacun par 17.

EXTRAIT

Séance du 19 octobre 1878

La Commission des vérifications des comptes de l'Ouest-Algérien vous a fait connaître, dans sa séance du 10 avril dernier, l'impossibilité dans laquelle elle s'était trouvée de procéder à la vérification sérieuse et régulière des comptes présentés par cette Compagnie, les pièces justificatives de dépenses n'ayant pas été produites.

La Commission vous expose son avis sur le fond de la question et les bases du compte de l'Ouest-Algérien, qui devait présenter les chiffres exacts des dépenses nécessitées par la construction de la ligne du Tlélat à Sidi-bel-Abbés, depuis l'ouverture des travaux jusqu'à leur achèvement.

Le Conseil général d'Oran adopta à l'unanimité les conclusions de notre rapport et nos appréciations sur les éléments qui devaient constituer le compte de la Compagnie.

L'arrivée à Oran de M. l'ingénieur Pochet, envoyé de Paris pour présenter à votre Commission toutes les pièces de comptabilité dont elle avait demandé communication, nous donna lieu d'espérer que nous pourrions enfin nous acquitter du mandat que vous nous avez confié.

La comptabilité et les éléments à l'appui qui furent déposés sur notre bureau, par M. Pochet, étaient tellement réduits qu'il parut tout d'abord, à la Commission, que ses demandes étaient imparfaitement satisfaites.

Elle n'en commença pas moins le dépouillement des maigres dossiers qui lui étaient soumis.

La partie principale du compte, celle des travaux, manquait complétement ; elle fut réclamée à M. Pochet, qui nous déclara que la Compagnie n'avait pas à nous produire les pièces justificatives composant le chiffre de 8,609,854 fr. 45 ; que la seule justification que nous dussions admettre se trouvait dans les statuts de la Société, et que la comptabilité afférente à ce chiffre était la propriété de M. Harding, entrepreneur général. Sur notre insistance, M. Pochet nous dit qu'il pensait, néanmoins, pouvoir satisfaire au désir de la Commission.

Par lettre en date du 17 avril, il nous informa que la communication que nous avions demandée aurait lieu le lendemain.

Les termes de la lettre de M. Pochet voulant faire intervenir M. Harding comme une individualité sur les actes de laquelle le contrôle de la Commission n'avait pas à s'exercer, le Président fit à cette prétention la réponse suivante :

« Votre lettre du 17 donne à croire que la Commission de vérifica-
» tion a voulu connaître le détail des dépenses faites par un entrepre-
» neur général. Il est de mon devoir de bien préciser la question, afin
» d'éviter la moindre méprise. La Commission vous a témoigné son
» étonnement de ce que la Compagnie de l'Ouest-Algérien produisait
» une comptabilité et des pièces de dépenses seulement depuis la
» constitution de la Compagnie, alors que ses investigations doivent
» se porter sur tous les travaux exécutés depuis la concession de
» la ligne à MM. Seignette et Cie. J'ai eu l'honneur d'appuyer sur ce
» point *que le concessionnaire est tenu de remplir les engagements*
» *auxquels était obligé le cédant, et que, dès lors, l'Ouest-Algérien*
» *avait à justifier des dépenses faites depuis le moment de la conces-*
» *sion.*

» Il n'y a donc pas lieu de faire intervenir M. Harding avec le titre
» d'entrepreneur général ; ceci a été parfaitement expliqué entre la
» Commission et vous. Vous avez fait, hier, le dépôt, sur le bureau de
» la Commission, de pièces que vous avez dit appartenir à M. Harding ;
» la Commission s'est refusé, dès le principe, à admettre les condi-
» tions et les conséquences d'un traité à forfait, et elle déclare ne voir,
» dans la production de ces pièces, qu'une exécution des obligations
» imposées à M. Seignette. »

Par lettre du 20 avril, M. Pochet fit connaître à la Commission qu'il maintenait l'opinion de la Compagnie, en ce qui concernait M. Harding comme entrepreneur.

La Commission, sans modifier en rien son opinion à ce sujet, décida en présence de M. Pochet, que la vérification devant se borner, pour le moment, à une opération de pointage, elle désignait, pour y procé-der, son Secrétaire et M. l'Agent voyer en chef du département ; elle decida, en outre, qu'elle se réunirait à nouveau, dès que ce travail serait terminé.

Le 23 avril, M. Pochet, accompagné de M. Finlay, employé de M. Harding, se présenta dans le bureau où se trouvaient M. le Secré-taire de la Commission et M. l'Agent voyer en chef du département, et déclara qu'il ne voulait pas laisser vérifier les comptes de M. Harding avant que la Commission prit l'engagement de les accepter, quels qu'ils fussent et sans discuter ses frais généraux.

Le Secrétaire de la Commission invita M. Pochet à formuler sa demande par écrit, afin de la soumettre à la Commission qui serait appelée à statuer, et le pria de laisser continuer, par M. l'Agent voyer en chef, la vérification commencée.

M. Pochet s'y refusa et partit avec M. Finlay, par qui il fit emporter les pièces comptables qu'il disait appartenir à M. Harding.

Le lendemain, 24 avril, M. Pochet écrivait à M. le Préfet une lettre qui fut transmise immédiatement au Président de notre Commission, qui y répondit.

Telle est l'exposé exact de la situation.

Il est vraiment trop évident que la Compagnie de l'Ouest-Algérien agit de parti-pris, et qu'elle se refuse à produire au département aucune justification sérieuse, dans l'espoir, sans doute, d'une vérification plus facile, si l'Etat devait se substituer, plus tard, au département.

Les pièces de comptabilité qu'elle nous a produites n'ont qune valeur extrêmement faible : c'est le *ridiculus mus*, et on s'explique difficilement l'envoi de Paris d'un ingénieur des Ponts et Chaussées pour accoucher d'une semblable communication.

Votre Commission, Messieurs, vous propose l'adoption du compte établi par M. l'Agent voyer en chef du département, qui fixe à 4,830,150 fr. le coût de la ligne du Tlélat à Bel-Abbès.

Ce chiffre doit être augmenté de 200,000 fr. pour sommes payées par l'Ouest-Algérien à divers entrepreneurs, depuis l'établissement de ce compte, et de l'intérêt de l'argent engagé dans la construction depuis le mois de mai 1875 jusqu'au 1er juillet 1877, date du fonctionnement de la garantie d'intérêt.

En résumé, le chiffre du coût de la ligne du Tlélat à Sidi-bel-Abbès ne peut excéder 5,700,000 fr. en chiffre rond. Eu égard à cette appréciation et à la vérification qu'a faite votre Commission des comptes d'exploitation afférents à l'exercice 1877, nous sommes d'avis que le département d'Oran ne saurait être recherché pour la garantie d'intérêt, aux termes de l'art. 2 de la convention du 7 mai 1874.

Le Rapporteur,
Signé : ROUBIÈRE.

A la suite de ce rapport, dont les conclusions sont adoptées à l'unanimité, moins une voix, M. le sénateur POMEL fait remarquer combien il est singulier et étrange que M. Pochet, ingénieur des ponts et chaussées, ait été chargé des intérêts de la Compagnie de l'Ouest-Algérien devant la commission du Conseil général, et ait fait en même temps partie, comme secrétaire, de la commission technique du réseau des chemins de fer algériens ; — il a pu constater le fait, lorsqu'il s'est présenté devant la commission technique pour défendre les intérêts du département d'Oran ; — il tient à constater officiellement cette situation incorrecte, car il se propose de la signaler à M. le ministre, pour en tirer arguments.

Il doit également manifester son étonnement sur la différence d'estimation du coût kilométrique de la ligne Bel-Abbès — Tlemcen, qui s'est produite dans l'tntervalle des deux enquêtes : dans la première, cette dépense est évaluée à 120,000 fr., tandis que dans la seconde, et sans que rien n'ait été changé dans les pièces techniques, plans et profils, elle est évaluée à plus de 195,000 fr. ; — il en résulte une augmentation de 75,000 fr. par kilomètre, ce qui fait une somme, en chiffres ronds, de 7,000,000 pour toute la ligne. Il serait peut-être facile de savoir pourquoi une aussi grosse augmentation, et si ce ne serait pas un bénéfice réalisé ; mais il est inutile d'insister, tous les conseillers sont aussi bien fixés que lui à cet égard.

La différence était encore plus grande entre le coût réel de la ligne Tlélat — Bel-Abbès et celle de la précédente, d'après la seconde enquête ; il est très-admissible que ce soit là l'explication du peu d'empressement que met la Compagnie à régler le coût de premier établissement de la ligne départementale qui, d'après le projet du gouvernement, devrait être incorporée dans le réseau d'intérêt général.

Chambre de Commerce de la province d'Oran

VŒU

DE LA CHAMBRE DE COMMERCE DE LA PROVINCE D'ORAN
(Septembre 1878)

La Chambre demande :

Que le chemin de fer d'Oran à Tlemcen se fasse directement d'Oran à Tlemcen, c'est-à-dire en passant par Aïn-Temouchent, et ne soit pas la continuation du chemin de fer de Sidi-bel-Abbès.

Il est de la dernière évidence, aujourd'hui, que tous les intérêts en jeu réclament la ligne directe par Aïn-Temouchent, et la Chambre croirait oiseux d'exposer, à nouveau, les raisons qui dictent sa demande. Ces raisons ont été déjà développées avec beaucoup de logique au sein du Conseil général et détaillées avec soin par toute la presse de la province.

Conseil municipal d'Oran

EXTRAIT

DE LA SÉANCE DU CONSEIL MUNICIPAL D'ORAN
du 22 octobre 1878

L'an mil huit cent soixante-dix-huit et le vingt-deux octobre, à huit heures de relevée, le Conseil municipal s'est réuni à la mairie, dans la salle de ses délibérations, sur la convocation du maire, préalablement autorisé par M. le Préfet.

Etaient présents :

M. Mathieu, maire, président ; — MM. Benichou, Hadj Hassen, adjoints ; — MM. Fournier, Grégoire, Descours, Saffar, Jasseron, Massot, Antoine, Brial, Durel, Doste, Passama, Fouque, Vernier, Maheddin, Pimienta, Mermod et Hassan, conseillers.

Absents excusés : MM. Lasry et Facio.

M. Durel est nommé secrétaire.

Chemin de fer de Tlemcen à Oran. — Vœu

Sur la proposition du Maire, le Conseil municipal, à l'unanimité moins une voix, émet un vœu en faveur de la création d'une ligne directe de chemin de fer entre Tlemcen et Oran, passant par Aïn-Temouchent.

ERRATUM

A la page 38, un alinéa a été omis dans la mise en pages.

Après cette phrase : « Nous sommes donc très-large dans nos éva-« luations en le portant à 6,619 francs », il faut lire :

Nous devons observer que ce chiffre de 6,619, comme produit brut kilométrique, est obtenu avec les tarifs du Grand-Central ; — avec ceux de l'Ouest-Algérien, il s'élèverait à 8,991 fr. 37, soit 2,372 fr. de plus à la charge de nos transports, c'est-à-dire des citoyens qui les paient.

Oran. — Imp. Ch. Pothier, rue d'Orléans, 20

www.ingramcontent.com/pod-product-compliance
Lightning Source LLC
Chambersburg PA
CBHW051230030726
47595CB00003B/831